U0146897

十三經漢魏古注叢書

尚書傳

（舊題）〔西漢〕孔安國 傳

馮先思　周煦陽　整理

商務印書館
The Commercial Press

商務印書館（上海）有限公司　出品
The Commercial Press（Shanghai）Co.Ltd

十三經漢魏古注叢書

總主編：朱傑人

執行主編：徐　淵　但　誠

叢 書 序

儒學的發生和發展，是與儒家經典的確認與被詮釋、被解讀相始終的。東漢和帝永元十四年（公元 102 年），司空徐防"以《五經》久遠，聖意難明，宜爲章句，以悟後學。上疏曰：'臣聞《詩》《書》《禮》《樂》，定自孔子，發明章句，始於子夏。其後諸家分析，各有異説。漢承亂秦，經典廢絶，本文略存，或無章句。收拾缺遺，建立明經，博徵儒術，開置太學。'"（〔南朝宋〕范曄撰，〔唐〕李賢等注：《後漢書》卷四十四《徐防傳》，北京：中華書局，1965 年，第 1500 頁）於今而言，永元離孔聖時代未遠（孔子逝於公元前479 年，至永元十四年，凡 581 年），然徐防已然謂"《五經》久遠，聖意難明"，而強調"章句"之學的重要性。所謂"章句"，即是對經典的訓釋。從徐防的奏疏看，東漢人既認同子夏是對儒家經典進行訓釋的"發明"者，也承認秦亂以後儒家的經典只有本文流傳了下來，而"章句"已經失傳。

西漢武帝即位不久，董仲舒上《天人三策》，確立了儒學作爲國家的主流意識形態。自此，對儒家經典的研究與注釋出現了百花齊放的局面，章句之學成爲一時之顯學。漢人講經，重師法和家法。皮錫瑞曰："前漢重師法，後漢重家法。先有師法，而後能成一家之言。師法者，溯其源；家法者，衍其流也。"（〔清〕皮錫瑞著，周予同注釋：《經學歷史》，北京：中華書局，2008 年，第 136 頁）既溯其源，則兩漢經學，幾乎一出於子夏。即其"流"，大抵也流出不遠。漢章帝建初四年（公元 79 年），詔群儒會講白虎觀論《五經》異同，詔曰："蓋三代導人，教學爲本。漢承暴秦，褒顯儒術，建立《五經》，爲置博士。其後學者精進，雖曰承師，亦別名家。孝宣皇帝以爲去聖久遠，學不厭博，故遂立大、小夏侯《尚書》，後又立《京氏易》。至建武中，復置顔氏、嚴氏《春秋》，大、小戴《禮》博士。此皆所以扶進微學，尊廣道藝也。"（〔南朝 宋〕范曄撰,〔唐〕李賢等注:《後漢書》卷三《肅宗孝章帝紀》，第 137—138 頁）漢章帝的詔書肯定了師法與家法在傳承儒家經典過程中不可或缺的作用，並認爲收羅和整理瀕臨失傳的師法、家法之遺存，可以"扶進微學，尊廣道藝"。

嚴正先生認爲兩漢經學家們"注重師法和家法是爲了證明自己學説的權威性，他們可以列出從孔子以至漢初經師的傳承譜系，這就表明自己的學説確實是孔子真傳"（姜廣輝主編:《中國經學思想史》第二卷，北京：中國社會科學出版社，2003 年，第 14 頁）。這種風氣，客觀上爲兩漢時代經學的發展提供了一個可控而不至失範的學術環境，有利於經學的傳播和發展（當然，家法、師法的流弊是束縛了經學獲得新的生命力，那是問題的另一個方面）。漢代的這種學風，一直影響到魏、晉、唐。孔穎達奉旨修《五經正義》，馬嘉運"以穎達所撰《正義》頗多繁雜，每掎摭之，諸儒亦稱爲允當"（〔後晉〕劉昫等撰:《舊唐書》卷七十三《馬嘉運傳》，北京：中華書局，1975 年，第 2603 頁）。所謂"頗多繁雜"，實即不謹師法。史載，孔穎達的《五經正義》編定以後，因受到馬嘉運等的批評並未立即頒行，而是"詔更令詳定"

（〔後晉〕劉昫等撰：《舊唐書》卷七十三《馬嘉運傳》，第 2603 頁）。直至高宗永徽四年（公元 653 年），才正式詔頒於 天下，令每歲明經科以此考試。此時離孔穎達去世已五年之 久。此可見初唐朝野對儒家經典訓釋的慎重和謹嚴。這種謹 慎態度的背後，顯然是受到自漢以來經典解釋傳統的影響。

正因爲漢、魏至唐，儒家學者們對自己學術傳統的堅守 和捍衞，給我們留下了一份彌足珍貴的遺産，那就是一系列 關於儒家經典的訓釋。我們今天依然可以見到的如：《周易》 王弼注，《詩經》毛亨傳、鄭玄箋，《尚書》僞孔安國傳，三 《禮》鄭玄注，《春秋左傳》杜預注，《春秋公羊傳》何休解詁， 《春秋穀梁傳》范甯集解，《論語》何晏集解，《孟子》趙岐 章句，《爾雅》郭璞注，《孝經》孔安國傳、鄭玄注等。這些 書，我們姑且把它們稱作"古注"。

惠棟作《九經古義序》曰："漢人通經有家法，故有《五 經》師。訓詁之學，皆師所口授，其後乃著竹帛。所以漢經 師之説立於學官，與經並行。《五經》出於屋壁，多古字古 音，非經師不能辯，經之義存乎訓，識字審音乃知其義，是 故古訓不可改也，經師不可廢也。"（〔清〕惠棟：《九經古義》 述首，王雲五編：《叢書集成初編》254—255，上海：商務 印書館，1937 年，第 1 頁）惠氏之説，點出了不能廢"古注" 的根本原因，可謂中肯。

對儒家經典的解讀，到了宋代發生一個巨大的變化： "訓詁之學"被冷落，"義理之學"代之而起。由此又導出漢 學、宋學之別，與漢學、宋學之爭。

王應麟説："自漢儒至於慶曆間，説經者守訓故而不 鑿。《七經小傳》出而稍尚新奇矣。至《三經義》行，視漢

3

儒之學若土梗。"（〔宋〕王應麟著，〔清〕翁元圻輯注，孫通海點校：《困學紀聞注》卷八《經説》，北京：中華書局，2016年，第1192頁）按，《七經小傳》劉敞撰，《三經義》即王安石《三經新義》。然則，王應麟認爲宋代經學風氣之變始於劉、王。清人批評宋學："非獨科舉文字蹈空而已，説經之書，亦多空衍義理，橫發議論，與漢、唐注疏全異。"（〔清〕皮錫瑞著，周予同注釋：《經學歷史》，第274頁）惠棟甚至引用其父惠士奇的話説："宋人不好古而好臆説，故其解經皆燕相之説書也。"（〔清〕惠棟：《九曜齋筆記》卷二《本朝經學》，《聚學軒叢書》本）其實，宋學的這些弊端，宋代人自己就批評過。神宗熙寧二年（公元1069年）司馬光上《論風俗劄子》曰："竊見近歲公卿大夫好爲高奇之論，喜誦老、莊之言，流及科場，亦相習尚。新進後生，未知臧否，口傳耳剽，翕然成風。至有讀《易》未識卦、爻，已謂《十翼》非孔子之言；讀《禮》未知篇數，已謂《周官》爲戰國之書；讀《詩》未盡《周南》《召南》，已謂毛、鄭爲章句之學。讀《春秋》未知十二公，已謂三《傳》可束之高閣。循守注疏者，謂之腐儒；穿鑿臆説者，謂之精義。"（〔宋〕司馬光撰，李文澤、霞紹暉校點：《司馬光集》卷四五，成都：四川大學出版社，2010年，第973—974頁）可見，此種學風確爲當時的一種風氣。但清人的批評指向却是宋代的理學，好像宋代的理學家們都是些憑空臆説之徒。這種批評成了理學躲不開的夢魘，也成了漢學、宋學天然的劃界標準。

遺憾的是，這其實是一種被誤導了的"常識"。

理學家並不拒斥訓詁之學，更不輕視漢魏古注。恰恰相反，理學家的義理之論正是建立在對古注的充分尊重與理解之上才得以成立，即使對古注持不同意見，也必以翔實的考據和慎密的論證爲依據。而這正是漢學之精髓所在。試以理學的經典《四書章句集注》爲例，其訓詁文字基本上採自漢唐古注。據中國臺灣學者陳逢源援引日本學者大槻信良的統計："《論語集注》援取漢宋諸儒注解有九百四十九條，採用當朝儒者説法有六百八十條;《孟子集注》援取漢宋諸儒注解一千零六十九條，採用當朝儒者説法也有二百五十五條。"（陳逢源:《朱熹與四書章句集注》，臺北:里仁書局，2006 年，第 195—196 頁）這一統計説明，朱子的注釋是"厚古"而"薄今"的。

朱子非常重視古注，推尊漢儒:"古注有不可易處。"（〔宋〕黎靖德輯，鄭明等校點:《朱子語類》卷六十四,《朱子全書》〔第十六册〕，上海:上海古籍出版社，合肥:安徽教育出版社，2002 年，第 2130 頁）"諸儒説多不明，却是古注是。"（〔宋〕黎靖德輯，鄭明等校點:《朱子語類》卷六十四,《朱子全書》〔第十六册〕，第 2116 頁）"東漢諸儒煞好。……康成也可謂大儒。"（〔宋〕黎靖德輯，鄭明等校點:《朱子語類》卷八十七,《朱子全書》〔第十七册〕，第 2942 頁）甚至對漢人解經之家法，朱子亦予以肯定:"其治經必專家法者，天下之理固不外於人之一心，然聖賢之言則有淵奧爾雅而不可以臆斷者，其制度、名物、行事本末又非今日之見聞所能及也，故治經者必因先儒已成之説而推之。借曰未必盡是，亦當究其所以得失之故，而後可以反求諸心而正其繆。此漢之諸儒所以專門名家，各守師説，而不敢輕有變焉者也……近年以來，習俗苟偷，學無宗主，治經者不復讀其經之本文與夫先儒之傳注，但取近時科舉中選之文諷誦摹仿，擇取經中可爲題目之句以意扭捏，妄作主張，明知不是經意，但取便於行文，不假恤也……主司不惟不知其繆，乃反以爲工而置之高等。習以成風，轉相祖述，慢侮聖言，日以益盛。名爲治經而實爲經學之賊，號爲作文而實爲文字之妖。不可坐視而不之正也。"（〔宋〕朱熹撰，徐德明、王鐵校點：《學校貢舉私議》，《晦庵先生朱文公文集》卷六十九，《朱子全書》〔第二十三册〕，第3360頁）這段文字明白無誤地指出，漢人家法之不可無，治經必不可丟棄先儒已成之説。

　　這段文字還對當時治經者拋棄先儒成説而肆意臆説的學風提出了嚴厲的批評。認爲這不是治經，而是經學之賊。他對他的學生説："傳注，惟古注不作文，却好看。只隨經句分説，不離經意最好。疏亦然。今人解書，且圖要作文，又加辨説，百般生疑。故其文雖可讀，而經意殊遠。"（〔宋〕黎靖德輯，鄭明等校點：《朱子語類》卷十一，《朱子全書》〔第十四册〕，第351頁）他認爲守注疏而後論道是正道："祖宗以來，學者但守注疏，其後便論道，如二蘇直是要論道，但注疏如何棄得？"（〔宋〕黎靖德輯，鄭明等校點：《朱子語類》卷一百二十九，《朱子全書》〔第十八册〕，第4028頁）他提倡訓詁、經義不相離："漢儒可謂善説經者，不過只説訓詁，使人以此訓詁玩索經文，訓詁、經文不相離異，只做一道看了，直是意味深長也。"（〔宋〕朱熹撰，徐德明、王鐵校點：《答張敬夫》，《晦庵先生朱文公文集》卷三十一，第1349頁）

　　錢穆先生論朱子之辨《禹貢》，論其考據功夫之深，而有一歎曰："清儒窮經稽古，以《禹貢》專門名家者頗不乏人。惜乎漢宋門户牢不可破，先横一偏私之見，未能直承朱子，進而益求其真是之所在，而仍不脱於遷就穿鑿，所謂

巧愈甚而謬愈彰，此則大可遺憾也。"（錢穆：《朱子新學案》
[第五冊]，《錢賓四先生全集》，臺北：聯經出版事業公司，
1998 年，第 341 頁）

　　20 世紀 20 年代，商務印書館曾經出過一套深受學界好
評的叢書《四部叢刊》。《叢刊》以精選善本爲勝，贏得口碑。
經部典籍則以漢魏之著，宋元之刊爲主，一時古籍之最，
幾乎被一網打盡。但《四部叢刊》以表現古籍原貌爲宗旨，
故呈現方式爲影印。它的好處是使藏之深閣的元明刻本走入
了普通學者和讀者的家庭，故甫一問世，便廣受好評，直至
今日它依然是研究中國學術文化的學者們不可或缺的基本圖
書。但是，它的缺點是曲高和寡而價格不菲，不利於普及與
流通。鑒於當下持續不斷的國學熱、傳統文化熱，人們研讀
經典已從一般的閱讀向深層的需求發展，商務印書館決定啓
動一項與時俱進的大工程：編輯一套經過整理的儒家經典古
注本。選目以《四部叢刊》所收漢魏古注爲基礎，輔以其他
宋元善本。爲了適應現代人的閱讀習慣，這套叢書改直排爲
橫排，但爲了保持古籍的原貌而用繁體字，並嚴格遵循古籍
整理的規範，有句讀（點），用專名綫（標）。參與整理的，
都是國內各高校和研究機構學有專長的中青年學者。

　　另外，本次整理還首次使用了剛剛開發成功的 Source
Han（開源思源宋體）。這種字體也許可以使讀者們有一種
更舒適的閱讀體驗。

朱傑人

二〇一九年二月

於海上桑榆匪晚齋

目　錄

目　錄

整理説明

《尚書孔傳》十三卷，舊題漢孔安國傳。

《尚書》爲現存最早的史籍。所謂"典、謨、訓、誥、誓、命之文"，多爲三代君臣爲政之語。《禮記·玉藻》云"動則左史書之，言則右史書之"，此書或即古史官所錄。以其富含歷史經驗，後世遞相傳習，奉爲經典。

相傳《尚書》篇目數千，今日所見，爲秦博士伏生所傳與孔壁中經所共有之二十九篇（又亡《太誓》一篇）。其篇目多存堯、舜、禹、湯、文、武、周公之語，前人多以爲孔子刪述，定著百篇。今以先秦典籍所引，以及近年清華簡《尚書》逸篇，出百篇之外者亦時見之。

秦代燔滅《詩》《書》，坑殺儒生，《尚書》傳習幾絕。漢立，有秦博士伏生年九十，以《尚書》二十九篇，教授齊、魯之間。其學後分爲歐陽、大小夏侯三家，立於學官。其書寫以漢世隸書，故稱今文。所謂古文即六國文字，古文《尚書》實即秦火以前舊本。魯恭王壞孔子宅得壁中書甚多，其中除今文《尚書》二十九篇，尚有逸篇十六。孔壁中經藏於西漢中秘。

終漢之世，今文《尚書》爲官方傳授之本。漢末熹平年間所刻石經，《尚書》即以歐陽家爲底本，書末附大小夏侯兩家異文。然古文《尚書》之傳習未曾斷絕，且經劉歆、王莽等人提倡，還在短時期內有一定的繁榮。東漢至三國曹魏，古文本二十九篇經馬融、鄭玄、王肅等人注釋，影響日增。正始年間，古文《尚書》刻入石經。

永嘉之亂，古文逸篇散亡。梅賾乃獻《古文尚書孔傳》，伏生二十九篇之外，皆據前代典籍所引零章碎句，模擬成篇，並附傳文，託名孔安國傳。今世所傳，即梅賾奏上之本。其書初以隸古定所書，模擬所謂“古文”形體。至唐天寶年間，玄宗詔衛包改爲今文，以通行楷體書寫，如唐開成石經者皆是。

宋元以下，始有疑經有僞篇者，如吳棫、朱熹、吳澄、梅鷟、閻若璩、惠棟等皆是。清世以來，遂爲定說。近年清華大學入藏戰國竹書有《尹誥》《兌命》《金縢》《攝命》諸篇，實戰國古本，益證梅賾本之僞。梅本雖晚出，猶爲先唐人書，所述亦關政治匪淺。《孔傳》雖屬託名，猶能徵諸雅訓。《古文尚書孔傳》“其辭富而備，其義弘而雅，故復而不厭，久而愈亮”，要亦不可輕廢。

存世《尚書》以清華大學藏戰國竹書本爲最古，其見於《尚書》者有《尹誥》《兌命》《金縢》《攝命》等，見於《逸周書》者有《皇門》《祭公之命》等，此外還有逸篇多種，尚待陸續公佈。漢魏傳本則有熹平石經、正始石經。敦煌文獻及日本藏古鈔本中亦有不少《尚書》寫本，顧頡剛、顧廷龍將其中有隸古定者，與漢、魏、唐石經拓本，一併收入《尚書文字合編》。宋刻《尚書孔傳》今存多種，據張麗娟統計，單經注本有六種，經注疏合刻本有兩種。

北京大學圖書館藏宋本《尚書孔傳》僅錄經傳，未附《釋文》，亦無纂圖互注本、重言重意互注本等坊間附益之文，其體例最純，今取以爲底本，校以南宋兩浙東路茶鹽司刻《尚書正義》八行本（後簡稱“八行本”）、阮元刻《尚書注疏》（後簡稱“阮本”）。底本原缺《尚書序》及《微子之命》，乃據八行本校錄。經文標點，一依《孔傳》。校勘則於杜澤遜《尚書注疏彙校》、王鶚嘉《李盛鐸舊藏經傳本校異》多所參考，謹此致謝。

馮先思　周煦陽
二〇二一年九月

整理凡例

一、本書以北京大學圖書館藏宋本《尚書孔傳》爲底本。

一、底本原缺《尚書序》及《微子之命》，乃據南宋兩浙東路茶鹽司刻《尚書正義》八行本（後簡稱"八行本"）校錄。

一、參校本有南宋兩浙東路茶鹽司刻《尚書正義》、阮元刻《尚書注疏》（後簡稱"阮本"），異文擇要出校。

一、杜澤遜《尚書注疏彙校》校語最爲全面，讀者可參。

一、異體字原則上按照國家相關規定處理，個別字形略有變通。

一、經文標點，一依《孔傳》。

尚 書 序

古者伏犧氏之王天下也，始畫八卦，造書契，以代結繩之政，由是文籍生焉。

伏犧、神農、黃帝之書，謂之《三墳》，言大道也。少昊、顓頊、高辛、唐、虞之書，謂之《五典》，言常道也。至于夏、商、周之書，雖設教不倫，雅誥奧義，其歸一揆，是故歷代寶之，以爲大訓。八卦之説，謂之《八索》，求其義也。九州之志，謂之《九丘》。丘，聚也。言九州所有，土地所生，風氣所宜，皆聚此書也。《春秋左氏傳》曰："楚左史倚相，能讀《三墳》《五典》《八索》《九丘》。"即謂上世帝王遺書也。

先君孔子生于周末，睹史籍之煩文，懼覽之者不一，遂乃定《禮》《樂》，明舊章，删《詩》爲三百篇，約史記而修《春秋》，贊《易》道以黜"八索"，述職方以除"九丘"。討論《墳》《典》，斷自唐、虞以下，訖于周。芟夷煩亂，剪截浮辭，舉其宏綱，撮其機要，足以垂世立教，典、謨、訓、誥、誓、命之文，凡百篇。所以恢弘至道，示人主以軌範也。帝王之制，坦然明白，可舉而行。三千之徒，并受其義。

及秦始皇滅先代典籍，焚書坑儒，天下學士逃難解散，我先人用藏其家書于屋壁。漢室龍興，開設學校，旁求儒雅，以闡大猷。濟南伏生，年過九十，失其本經，口以傳授，裁二十餘篇。以其上古之書，謂之《尚書》。百篇之義，世莫得聞。至魯共王，好治宮室，壞孔子舊宅以廣其居，于壁中得先人所藏古文虞、夏、商、周之書及傳《論語》《孝經》，皆科斗文字。王又升孔子堂，聞金石絲竹之音，乃不壞宅，悉以書還孔氏。科斗書廢已久，時人無能知者，以所聞伏生之書考論文義，定其可知者爲隸古定，更以竹簡寫之，增多伏生二十五篇。伏生又以《舜典》合于《堯典》，《益稷》合于《皋陶謨》，《盤庚》三篇合爲一，《康王之誥》合于《顧命》，復出此篇并《序》，凡五十九篇，爲四十六卷。其餘錯亂摩滅，弗可復知，悉上送官，藏之書府，以待能者。

承詔爲五十九篇作傳，于是遂研精覃思，博考經籍，採摭群言，以立訓傳。約文申義，敷暢厥旨，庶幾有補于將來。

《書序》，序所以爲作者之意。昭然義見，宜相附近，故引之各冠其篇首，定五十八篇。既畢，會國有巫蠱事，經籍道息，用不復以聞，傳之子孫，以貽後代。若好古博雅君子與我同志，亦所不隱也。

尚書卷第一　虞書

尚書卷第一　虞書

孔　氏　傳

堯典第一

昔在帝堯，聰明文思，光宅天下，^[一]將遜于位，讓于虞舜。^[二]作《堯典》。

［一］言聖德之遠著。

［二］遜，遁也。老，使攝，遂禪之。

堯典^[一]

曰若稽古帝堯，^[二]曰放勳，欽、明、文、思、安安，^[三]允恭克讓，光被四表，格于上下。^[四]克明俊德，以親九族。^[五]九族既睦，平章百姓。^[六]百姓昭明，協和萬邦，黎民於變時雍。^[七]

［一］言堯可為百代常行之道。

［二］若，順。稽，考也。能順考古道而行之者帝堯。

［三］勳，功。欽，敬也。言堯放上世之功化，而以敬、明、文、思之四德，安天下之當安者。

［四］允，信。克，能。光，充。格，至也。既有四德，又信恭能讓，故其名聞充溢四外，至于天地。

〔五〕能明俊德之士任用之，以睦高祖玄孫之親。

〔六〕既，已也。百姓，百官。言化九族而平和章明。

〔七〕昭，亦明也。協，合。黎，衆。時，是。雍，和也。言天下衆民皆變化化上，是以風俗大和。

乃命羲、和，欽若昊天，曆象日月星辰，敬授人時。〔一〕分命羲仲，宅嵎夷，曰暘谷。〔二〕寅賓出日，平秩東作。〔三〕日中，星鳥，以殷仲春。〔四〕厥民析，鳥獸孳尾。〔五〕

〔一〕重黎之後羲氏、和氏，世掌天地四時之官，故堯命之，使敬順昊天。昊天，言元氣廣大。星，四方中星。辰，日月所會。曆象其分節。敬記天時，以授人也。此舉其目，下別序之。

〔二〕宅，居也。東表之地稱嵎夷。暘，明也。日出於谷而天下明，故稱暘谷。暘谷、嵎夷，一也。羲仲，居治東方之官。

〔三〕寅，敬。賓，導。秩，序也。歲起於東，而始就耕，謂之東作。東方之官，敬導出日，平均次序東作之事，以務農也。

〔四〕日中，謂春分之日。鳥，南方朱鳥七宿。殷，正也。春分之昏，鳥星畢見，以正仲春之氣節，轉以推季、孟則可知。

〔五〕冬寒無事，並入室處。春事既起，丁壯就功。厥，其也。言其民老壯分析。乳化曰孳，交接曰尾。

申命羲叔，宅南交，〔一〕平秩南訛，敬致。〔二〕日永，星火，以正仲夏。〔三〕厥民因，鳥獸希革。〔四〕

〔一〕申，重也。南交，言夏與春交，舉一隅以見之。此居治南
　　方之官。

〔二〕訛，化也。掌夏之官，平序南方化育之事，敬行其教，以
　　致其功。四時同之，亦舉一隅。

〔三〕永，長也，謂夏至之日。火，蒼龍之中星，舉中則七星見
　　可知。以正仲夏之氣節，季、孟亦可知。

〔四〕因，謂老弱因就在田之丁壯以助農也。夏時鳥獸毛羽希少
　　改易。革，改也〔一〕。

分命和仲，宅西，曰昧谷。〔一〕寅餞納日，平秩西
成。〔二〕宵中，星虛，以殷仲秋。〔三〕厥民夷，鳥獸毛毨。〔四〕

〔一〕昧，冥也。日入於谷，而天下冥，故曰昧谷。昧谷曰西，
　　則嵎夷東可知。此居治西方之官，掌秋天之政也。

〔二〕餞，送也。日出言導，日入言送，因事之宜。秋，西方萬
　　物成，平序其政，助成物也〔二〕。

〔三〕宵，夜也。春言日，秋言夜，互相備。虛，玄武之中星，
　　亦言七星，皆以秋分日見，以正三秋。

〔四〕夷，平也。老壯在田，與夏平也。毨，理也，毛更生整理。

申命和叔，宅朔方，曰幽都。平在朔易。〔一〕日短，星
昴，以正仲冬。〔二〕厥民隩，鳥獸氄毛。〔三〕

〔一〕　改也　“也”，八行本無。

〔二〕　助成物也　“也”，阮本無。

11

〔一〕北稱朔，亦稱方，言一方則三方見矣。北稱幽，則南稱明〔一〕，從可知也。都，謂所聚也；易，謂歲改易於北方，平均在察其政，以順天常。上總言羲、和敬順昊天，此分別仲、叔，各有所掌。

〔二〕日短，冬至之日。昴，白虎之中星，亦以七星並見，以正冬之三節。

〔三〕隩，室也。民改歲入此室處，以辟風寒。鳥獸皆生奧毨細毛以自溫焉〔二〕。

帝曰："咨。汝羲暨和。朞三百有六旬有六日，以閏月定四時成歲。〔一〕允釐百工，庶績咸熙。"〔二〕

〔一〕咨，嗟。暨，與也。匝四時曰朞。一歲十二月，月三十日，正三百六十日，除小月六，爲六日，是爲一歲有餘十二日，未盈三歲，定得一月〔三〕，則置閏焉。以定四時之氣節，成一歲之曆象。

〔二〕允，信。釐，治。工，官。績，功。咸，皆。熙，廣也。言定四時成歲曆，以告時授事，則能信治百官，眾功皆廣。歎其善。

帝曰："疇咨若時登庸。"〔一〕
放齊曰："胤子朱啓明。"
帝曰："吁，嚚訟，可乎？"〔二〕

〔一〕 則南稱明 "則"，八行本作"都"，當作"都"。
〔二〕 鳥獸……以自溫焉 "焉"，八行本無。
〔三〕 定得一月 "定"，八行本、阮本作"足"。案：當作"足"。

帝曰："疇咨若予采。"〔三〕

驩兜曰："都，共工方鳩僝功〔一〕。"〔四〕

帝曰："吁，靜言庸違，象恭滔天。"〔五〕

〔一〕疇，誰。庸，用也。誰能咸熙庶績，順是事者，將登用之。

〔二〕放齊，臣名。胤，國。子，爵。朱，名。啓，開也。吁，
　　疑怪之辭。言不忠信爲嚚，又好爭訟。可乎，言不可。

〔三〕采，事也。復求誰能順我事者。

〔四〕驩兜，臣名。都、於，歎美之辭。共工，官稱。鳩，聚。
　　僝，見也。歎共工能方方聚見其功。

〔五〕靜，謀。滔，漫也。言共工自爲謀言，起用行事而背違
　　之〔二〕。貌象恭敬而心傲很若漫天，言不可用。

帝曰："咨，四岳，〔一〕湯湯洪水方割，〔二〕蕩蕩懷山襄
陵，浩浩滔天。〔三〕下民其咨，有能俾乂。"〔四〕

僉曰："於，鯀哉。"〔五〕

帝曰："吁，咈哉，方命圮族。"〔六〕

岳曰："异哉，試可乃已。"〔七〕

帝曰："往，欽哉。"〔八〕

九載，績用弗成。〔九〕

〔一〕四岳，即上羲、和之四子，分掌四岳之諸侯，故稱焉。

〔二〕湯湯，流貌。洪，大。割，害也。言大水方方爲害。

〔一〕共工方鳩僝功 "僝"，八行本作"僝"。

〔二〕起用行事而背違之 "背違"，八行本同，阮本作"違背"。

13

〔三〕蕩蕩，言水奔突〔一〕，有所滌除。懷，包。襄，上也。包山上陵，浩浩盛大若漫天。

〔四〕俾，使。乂，治也。言民咨嗟憂愁〔二〕，病水困苦，故問四岳，有能治者，將使之。

〔五〕僉，皆也。鯀，崇伯之名，朝臣舉之。

〔六〕凡言吁者，皆非帝意。咈，戾。圮〔三〕，毀。族，類也。言鯀性很戾，好此方名〔四〕，命而行事，輒毀敗善類。

〔七〕异，已。已〔五〕，退也。言餘人盡已，唯鯀可試，無成乃退。

〔八〕勅鯀往治水，命使敬其事。堯知其性很戾圮族，未明其所能，而據眾言可試，故遂用之。

〔九〕載，年也。三考九年，功用不成，則放退之。

帝曰："咨。四岳。朕在位七十載，〔一〕汝能庸命，巽朕位。"〔二〕

岳曰："否德忝帝位。"〔三〕

曰："明明揚側陋。"〔四〕

師錫帝曰："有鰥在下，曰虞舜。"〔五〕

帝曰："俞，予聞，如何。"〔六〕

岳曰："瞽子，父頑，母嚚，象傲，〔七〕克諧以孝，烝烝乂，不格姦。"〔八〕

帝曰："我其試哉，〔九〕女于時，觀厥刑于二女。"〔一〇〕

〔一〕 言水奔突 "水"，阮本作"之"。

〔二〕 言民咨嗟憂愁 "嗟"，底本作"差"，據八行本、阮本改。

〔三〕 圮 "圮"，八行本作"元"。

〔四〕 好此方名 "此"，底本作"比"，據八行本、阮本改。

〔五〕 已 "已"，阮本作"也"。

釐降二女于嬀汭，嬪于虞。^[一一]

帝曰："欽哉。"^[一二]

［一］堯年十六，以唐侯升爲天子，在位七十年，則時年八十六，老將求代。

［二］巽，順也。言四岳能用帝命，故欲使順行帝位之事。

［三］否，不。忝，辱也。辭不堪。

［四］堯知子不肖，有禪位之志，故明舉明人在側陋者，廣求賢也。

［五］師，衆。錫，與也。無妻曰鰥。虞，氏。舜，名。在下民之中，衆臣知舜聖賢，恥己不若，故不舉，乃不獲已而言之。

［六］俞，然也。然其所舉，言我亦聞之，其德行如何。

［七］無目曰瞽。舜父有目，不能分別好惡，故時人謂之瞽，配字曰瞍。瞍，無目之稱。心不則德義之經爲頑。象，舜弟之字，傲慢不友。言並惡。

［八］諧，和。烝，進也。言能以至孝和諧頑嚚昏傲，使進進以善自治，不至於姦惡。

［九］言欲試舜，觀其行迹。

［一〇］女，妻。刑，法也。堯於是以二女妻舜，觀其法度接二女，以治家觀治國。

［一一］降，下。嬪，婦也。舜爲匹夫，能以義理下帝女之心，於所居嬀水之汭，使行婦道於虞氏。

［一二］歎舜能脩己行敬以安人，則其所能者大矣。

15

舜典第二

虞舜側微，[一]堯聞之聰明，將使嗣位，歷試諸難，[二]作《舜典》。[三]

[一]爲庶人，故微賤。

[二]嗣，繼也。試以治民之難事。

[三]典之義，與堯同。

舜典

曰若稽古帝舜，[一]曰重華，協于帝。[二]濬哲文明，溫恭允塞。[三]玄德升聞，乃命以位。[四]

[一]亦言其順考古道而行之。

[二]華謂文德，言其光文重合於堯，俱聖明。

[三]濬，深。哲，智也。舜有深智文明溫恭之德，信允塞上下。

[四]玄謂幽潛。潛行道德，升聞天朝，遂見徵用。

慎徽五典，五典克從。[一]納于百揆，百揆時叙。[二]賓于四門，四門穆穆。[三]納于大麓，烈風雷雨弗迷。[四]

帝曰：“格，汝舜。詢事考言，乃言底可績，三載。汝陟帝位。”[五]舜讓于德，弗嗣。[六]

[一]徽，美也。五典，五常之教。父義，母慈，兄友，弟恭，子孝。舜慎美篤行斯道，舉八元，使布之於四方。五教能

16

從，無違命。

［二］揆，度也。度百事，總百官，納舜於此官，舜舉八凱，使揆度百事。百事時敘，無廢事業。

［三］穆穆，美也。四門，四方之門。舜流四凶族，四方諸侯來朝者，舜賓迎之，皆有美德，無凶人。

［四］麓，錄也。納舜使大錄萬機之政，陰陽和，風雨時，各以其節，不有迷錯愆伏。明舜之德合於天。

［五］格，來。詢，謀。乃，汝。厎，致。陟，升也。堯呼舜曰，來，汝所謀事，我考汝言。汝言致，可以立功，三年矣。三載考績，故命使升帝位，將禪之。

［六］辭讓於德不堪，不能嗣成帝位。

正月上日，受終于文祖，^{［一］}在璿璣玉衡，以齊七政。^{［二］}肆類于上帝，^{［三］}禋于六宗，^{［四］}望于山川，徧于群神。^{［五］}輯五瑞，既月，乃日覲四岳群牧，班瑞于群后。^{［六］}

［一］上日，朔日也。終，謂堯終帝位之事。文祖者，堯文德之祖廟。

［二］在，察也。璿，美玉。璣、衡，王者正天文之器可運轉者。七政，日月五星各異政。舜察天文，齊七政，以審己當天心與否。

［三］堯不聽舜讓，使之攝位。舜察天文，考齊七政，而當天心，故行其事。肆，遂也。類，謂攝位事類，遂以攝告天及五帝。

［四］精意以享謂之禋。宗，尊也。所尊祭者，其祀有六，謂四時也、寒暑也、日也、月也、星也、水旱也。祭亦以攝告

［五］九州名山大川、五岳四瀆之屬，皆一時望祭之。群神，謂丘陵、墳衍、古之聖賢，皆祭之。

［六］輯，斂。既，盡。覲，見。班，還。后，君也。舜斂公、侯、伯、子、男之瑞圭、璧，盡以正月中，乃日日見四岳及九州牧監，還五瑞於諸侯，與之正始。

歲二月，東巡守，至于<u>岱宗</u>，柴，^{［一］}望秩于山川，^{［二］}肆覲東后。^{［三］}協時月正日，同律度量衡。^{［四］}修五禮、五玉^{［五］}、三帛、二生、一死贄，^{［六］}如五器，卒乃復。^{［七］}

［一］諸侯爲天子守土，故稱守，巡行之。既班瑞之明月，乃順春東巡。<u>岱宗</u>，泰山，爲四岳所宗。燔柴祭天告至。

［二］東岳諸侯境內名山大川^{［一］}，如其秩次望祭之，謂五岳牲禮視三公，四瀆視諸侯，其餘視伯子男。

［三］遂見東方之國君。

［四］合四時之氣節、月之大小、日之甲乙，使齊一也。律，法制。及尺丈、斛斗、斤兩皆均同。

［五］修吉、凶、賓、軍、嘉之禮，五等諸侯執其玉。

［六］三帛，諸侯世子執纁，公之孤執玄，附庸之君執黃。二生，卿執羔，大夫執鴈。一死，士執雉。玉、帛、生、死，所以爲贄以見之。

［七］卒，終。復，還也。器謂圭璧。如五器，禮終則還之。三帛、生、死則否。

〔一〕 東岳諸侯境內名山大川 "境"，<u>阮</u>本作"竟"。

　　五月，南巡守，至于南岳，如岱禮。[一]八月，西巡守，至于西岳，如初。[二]十有一月，朔巡守，至于北岳，如西禮。[三]歸，格于藝祖，用特。[四]五載一巡守，群后四朝。[五]敷奏以言，明試以功，車服以庸。[六]

　[一] 南岳，衡山。自東岳南巡，五月至。

　[二] 西岳，華山。初謂岱宗。

　[三] 北岳，恒山。

　[四] 巡守四岳，然後歸，告至文祖之廟。藝，文也。言祖則考著。特，一牛。

　[五] 各會朝于方岳之下，凡四處，故曰四朝。將說敷奏之事，故申言之。堯、舜同道，舜攝則然，堯又可知。

　[六] 敷，陳。奏，進也。諸侯四朝，各使陳進治理之言[一]，明試其言，以要其功。功成則賜車服，以表顯其能用。

　　肇十有二州，[一]封十有二山，濬川。[二]

　[一] 肇，始也。禹治水之後，舜分冀州爲幽州、并州，分青州爲營州，始置十二州。

　[二] 封，大也。每州之名山殊大者[二]，以爲其州之鎮。有流川，則深之，使通利。

　　象以典刑，[一]流宥五刑，[二]鞭作官刑，[三]扑作教刑，[四]

〔一〕 各使陳進治理之言　“理”，八行本、阮本作“禮”。案：當作“理”。

〔二〕 每州之名山殊大者　“者”，八行本同，阮本作“之”。

金作贖刑。^[五]眚災肆赦，怙終賊刑。^[六]欽哉，欽哉，惟刑之恤哉。^[七]

［一］象，法也。法用常刑，用不越法。

［二］宥，寬也。以流放之法寬五刑。

［三］以鞭爲治官事之刑。

［四］扑，榎楚也^{〔一〕}。不勤道業，則撻之。

［五］金，黃金。誤而入刑^{〔二〕}，出金以贖罪。

［六］眚，過。災，害。肆，緩。賊，殺也。過而有害，當緩赦之。怙姦自終，當刑殺之。

［七］舜陳典刑之義，勅天下使敬之，憂欲得中。

流共工于幽洲，^[一]放驩兜于崇山，^[二]竄三苗于三危，^[三]殛鯀于羽山，^[四]四罪而天下咸服。^[五]

［一］象恭滔天，足以惑世，故流放之。幽洲，北裔。水中可居者曰洲。

［二］黨於共工，罪惡同。崇山，南裔。

［三］三苗，國名。縉雲氏之後，爲諸侯，號饕餮。三危，西裔。

［四］方命圮族，績用不成^{〔三〕}。殛、竄、放、流，皆誅也，異其文，述作之體^{〔四〕}。羽山，東裔，在海中。

［五］皆服舜用刑，當其罪，故作者先敘典刑，而連引四罪，明

〔一〕 榎楚也 "榎"，八行本、阮本作"榎"。案：當作"榎"。

〔二〕 誤而入刑 "入"，阮本作"八"。

〔三〕 績用不成 "績"，底本作"續"，八行本、阮本作"績"，據改。

〔四〕 述作之體 "述"，底本誤作"逑"，據八行本、阮本改。

皆徵用所行，於此總見之。

二十有八載，帝乃殂落。^[一]百姓如喪考妣，^[二]三載，四海遏密八音。^[三]

[一] 殂落，死也。堯年十六即位，七十載求禪，試舜三載。自正月上日至崩，二十八載。堯凡壽百一十七歲^{〔一〕}。

[二] 考妣，父母。言百官感德思慕。

[三] 遏，絕。密，靜也。八音，金、石、絲、竹、匏、土、革、木。四夷絕音三年，則華夏可知。言盛德恩化所及者遠。

月正元日，舜格于文祖，^[一]詢于四岳，闢四門，^[二]明四目，達四聰。^[三]

咨十有二牧。曰："食哉惟時。^[四]柔遠能邇，惇德允元，^[五]而難任人，蠻夷率服。"^[六]

[一] 月正，正月。元日，上日也。舜服堯喪三年畢，將即政，故復至文祖廟告。

[二] 詢，謀也。謀政治於四岳，開闢四方之門未開者，廣致眾賢。

[三] 廣視聽於四方，使天下無壅塞。

[四] 咨，亦謀也。所重在於民食，惟當敬授民時。

[五] 柔，安。邇，近。惇^{〔二〕}，厚也。元，善之長。言當安遠，乃

〔一〕 堯凡壽百一十七歲　"凡"，阮本作"死"。"百"，阮本作"一百"。

〔二〕 惇　"惇"，八行本、阮本作"敦"。

能安近。厚行德信，使足長善。

［六］任，佞。難，拒也。佞人斥遠之，則忠信昭於四夷，皆相
率而來服。

舜曰：“咨，四岳。有能奮庸熙帝之載，﹝一﹞使宅百揆，
亮采惠疇。”﹝二﹞

僉曰：“伯禹作司空﹝一﹞。”﹝三﹞

帝曰：“俞，咨，禹，汝平水土，惟時懋哉。”﹝四﹞

禹拜稽首，讓于稷、契暨皋陶。﹝五﹞

帝曰：“俞，汝往哉。”﹝六﹞

［一］奮，起。庸，功。載，事也。訪群臣有能起發其功，廣堯
之事者。言“舜曰”，以別堯。

［二］亮，信。惠，順也。求其人使居百揆之官，信立其功，順
其事者，誰乎。

［三］四岳同辭而對，禹代鯀爲崇伯，入爲天子司空，治洪水有
成功，言可用之。

［四］然其所舉，稱禹前功以命之。懋，勉也。惟居是百揆，勉
行之。

［五］居稷官者，棄也﹝二﹞。契、皋陶，二臣名。稽首，首至地。

［六］然其所推之賢，不許其讓，勑使往宅百揆。

帝曰：“棄，黎民阻飢，汝后稷，播時百穀。”﹝一﹞

〔一〕伯禹作司空 “伯”，八行本作“百”。

〔二〕棄也 “棄”，八行本作“秉”。

帝曰："契，百姓不親，五品不遜，^[二]汝作司徒，敬敷五教，在寬。"^[三]

帝曰："皋陶，蠻夷猾夏，寇賊姦宄。^[四]汝作士，五刑有服，^[五]五服三就。^[六]五流有宅，五宅三居。^[七]惟明克允。"^[八]

[一] 阻，難。播，布也。衆人之難在於飢，汝后稷布種是百穀以濟之，美其前功以勉之。

[二] 五品，謂五常。遜，順也。

[三] 布五常之教，務在寬，所以得人心，亦美其前功。

[四] 猾，亂也。夏，華夏。群行攻劫曰寇，殺人曰賊。在外曰姦，在內曰宄。言無教之所致^[一]。

[五] 士，理官也。五刑，墨、劓、剕、宮、大辟。服，從也。言得輕重之中正。

[六] 既從五刑，謂服罪也。行刑當就三處，大罪於原野，大夫於朝，士於市。

[七] 謂不忍加刑則流放之。若四凶者，五刑之流，各有所居。五居之差有三等之居，大罪四裔，次九州之外，次千里之外。

[八] 言皋陶能明信五刑，施之遠近，蠻夷猾夏，使咸信服，無敢犯者。因禹讓三臣，故歷述之。

帝曰："疇若予工。"

僉曰："垂哉。"^[一]

〔一〕 言無教之所致　"之"，八行本、阮本無。

帝曰：“俞，咨，<u>垂</u>，汝共工。”[二]

<u>垂</u>拜稽首，讓于<u>殳斨</u>暨<u>伯與</u>。[三]

帝曰：“俞，往哉。汝諧。”[四]

[一] 問誰能順我百工事者，朝臣舉<u>垂</u>。<u>垂</u>，臣名。

[二] 共謂供其職事。

[三] <u>殳斨</u>、<u>伯與</u>，二臣名。

[四] 汝能諧和此官。

帝曰：“疇若予上下草木鳥獸。”

僉曰：“<u>益哉</u>。”[一]

帝曰：“俞，咨，<u>益</u>，汝作朕虞。”[二]

<u>益</u>拜稽首，讓于<u>朱虎</u>、<u>熊羆</u>。

帝曰：“俞，往哉。汝諧。”[三]

[一] 上謂山，下謂澤。順謂施其政教，取之有時，用之有節。
　　言<u>伯益</u>能之。

[二] 虞掌山澤之官。

[三] <u>朱虎</u>、<u>熊羆</u>，二臣名。<u>垂</u>、<u>益</u>所讓四人，皆在元凱之中。

帝曰：“咨，四岳，有能典朕三禮。”

僉曰：“<u>伯夷</u>。”[一]

帝曰：“俞，咨，<u>伯</u>，汝作秩宗。[二]夙夜惟寅，直哉
惟清。”[三]

<u>伯</u>拜稽首，讓于<u>夔</u>、<u>龍</u>。[四]

帝曰：“俞，往，欽哉。”[五]

〔一〕三禮，天地人之禮。伯夷，臣名，姜姓。

〔二〕秩，序。宗，尊也。主郊廟之官。

〔三〕夙，早也。言早夜敬思其職，典禮施政教，使正直而清明。

〔四〕夔、龍，二臣名。

〔五〕然其賢，不許讓。

　　帝曰："夔，命汝典樂，教胄子。〔一〕直而溫，寬而栗，〔二〕剛而無虐，簡而無傲。〔三〕詩言志，歌永言，〔四〕聲依永，律和聲。〔五〕八音克諧，無相奪倫，神人以和。"〔六〕

　　夔曰："於，予擊石拊石，百獸率舞。"〔七〕

〔一〕胄，長也。謂元子以下，至卿大夫子弟，以歌詩蹈之舞之。教長國子中和祗庸孝友。

〔二〕教之正直而溫和，寬弘而能莊栗。

〔三〕剛失之虐，簡失之傲〔一〕，教之以防其失。

〔四〕謂詩言志以導之，歌詠其義，以長其言。

〔五〕聲謂五聲宮、商、角、徵、羽。律謂六律、六呂，十二月之音氣。言當依聲律以和樂。

〔六〕倫，理也。八音能諧，理不錯奪，則神人咸和，命夔使勉之。

〔七〕石，磬也。磬，音之清者。拊，亦擊也。舉清者和，則其餘皆從矣。樂感百獸，使相率而舞，則神人和可知。

　　帝曰："龍，朕堲讒說殄行，震驚朕師。〔一〕命汝作納

〔一〕　剛失之虐簡失之傲　此句兩"之"字，八行本作"入"。

言，夙夜出納朕命，惟允。"〔二〕

［一］聖〔一〕，疾。殄，絶。震，動也。言我疾讒説，絶君子之行，
　　　而動驚我衆，欲過絶之。

［二］納言，喉舌之官。聽下言納於上，受上言宣於下，必以信。

帝曰："咨，汝二十有二人，〔一〕欽哉。惟時亮天功。"〔二〕
三載考績，三考黜陟幽明，〔三〕庶績咸熙，分北三苗。〔四〕

［一］禹、垂、益、伯夷、夔、龍六人新命有職，四岳、十二牧，
　　　凡二十二人，特勑命之。

［二］各敬其職，惟是乃能信立天下之功。

［三］三年有成，故以考功，九歲則能否幽明有別，黜退其幽者，
　　　升進其明者。

［四］考績法明，衆功皆廣。三苗幽闇，君臣善否，分北流之，
　　　不令相從，善惡明。

舜生三十徵庸，〔一〕三十在位，〔二〕五十載，陟方乃死。〔三〕

［一］言其始見試用。

［二］歷試二年，攝位二十八年。

［三］方，道也。舜即位五十年，升道南方巡守，死於蒼梧之野
　　　而葬焉。三十徵庸，三十在位，服喪三年，其一在三十之
　　　數。爲天子五十年，凡壽百一十二歲。

〔一〕聖 "聖"，阮本作 "即"。

26

帝釐下土，方設居方，^[一]別生分類，^[二]作《汩作》^[三]、《九共》九篇、《稾飫》。^[四]

[一] 言舜理四方諸侯，各設其官居其方。

[二] 生，姓也。別其姓族，分其類，使相從。

[三] 汩，治。作，興也。言其治民之功興，故爲《汩作》之
　　　篇。亡。

[四] 稾，勞。飫，賜也。凡十一篇，皆亡。

尚書卷第二　虞書

尚書卷第二　虞書

孔　氏　傳

大禹謨第三

皋陶矢厥謨，^[一]禹成厥功，^[二]帝舜申之，^[三]作《大禹》《皋陶謨》^[四]《益稷》。^[五]

［一］矢，陳也。

［二］陳其成功。

［三］申，重也。重美二子之言。

［四］大禹謀九功，皋陶謀九德。^[一]

［五］凡三篇。

大禹謨^[一]

曰若稽古大禹，^[二]曰文命，敷于四海，祇承于帝。^[三]

曰："后克艱厥后，臣克艱厥臣，政乃乂，黎民敏德。"^[四]

帝曰："俞。允若茲，嘉言罔攸伏，野無遺賢，萬邦咸寧。^[五]稽于眾，舍己從人，不虐無告，不廢困窮，惟帝時克。"^[六]

〔一〕　大禹謀九功皋陶謀九德　此句兩"謀"字，八行本作"謨"。

31

[一] 禹稱大，大其功。謨，謀也。

[二] 順考古道而言之。

[三] 言其外布文德教命，内則敬承堯、舜。

[四] 敏，疾也。能知爲君難，爲臣不易，則其政治，而眾民皆
　　疾修德。

[五] 攸，所也。善言無所伏，言必用。如此則賢才在位，天
　　下安〔一〕。

[六] 帝謂堯也。舜因嘉言無所伏，遂稱堯德，以成其義。考衆
　　從人，矜孤愍窮，凡人所輕，聖人所重。

益曰：“都，帝德廣運，乃聖乃神，乃武乃文，[一] 皇
天眷命，奄有四海，爲天下君。”[二]

禹曰：“惠迪吉，從逆凶，惟影響。”[三]

益曰：“吁，戒哉。儆戒無虞，罔失法度。[四]罔游于
逸，罔淫于樂。[五]任賢勿貳，去邪勿疑。疑謀勿成，百志
惟熙，[六]罔違道以干百姓之譽，[七]罔咈百姓以從己之欲。[八]
無怠無荒，四夷來王。”[九]

[一] 益因舜言，又美堯也。廣謂所覆者大，運謂所及者遠，聖
　　無所不通，神妙無方，文經天地，武定禍亂。

[二] 眷，視。奄，同也。言堯有此德，故爲天所命，所以勉
　　舜也。

[三] 迪，道也。順道吉，從逆凶，吉凶之報，若影之隨形，響
　　之應聲，言不虛。

〔一〕 天下安　“安”，八行本、阮本作“安寧”。

［四］先吁後戒，欲使聽者精其言。虞，度也。無億度，謂無形，戒於無形，備慎深，秉法守度，言有常〔一〕。

［五］淫，過也。遊逸過樂，敗德之原，富貴所忽，故特以爲戒。

［六］一意任賢，果於去邪，疑則勿行，道義所存於心，日以廣矣。

［七］干，求也。失道求名，古人賤之。

［八］咈，戾也。專欲難成，犯衆興禍，故戒之。

［九］言天子常戒慎，無怠惰荒廢，則四夷歸往之。

禹曰：“於，帝念哉。德惟善政，政在養民。〔一〕水、火、金、木、土、穀惟修，〔二〕正德、利用、厚生惟和，〔三〕九功惟叙，九叙惟歌。〔四〕戒之用休，董之用威，勸之以九歌，俾勿壞。”〔五〕

帝曰：“俞，地平天成，六府三事允治，萬世永賴，時乃功。”〔六〕

［一］歎而言念，重其言。爲政以德，則民懷之。

［二］言養民之本，在先修六府。

［三］正德以率下，利用以阜財，厚生以養民。三者和，所謂善政。

［四］言六府三事之功有次叙，皆可歌樂，乃德政之致。

［五］休，美。董，督也。言善政之道，美以戒之，威以督之，歌以勸之，使政勿壞，在此三者而已。

［六］水土治曰平，五行叙曰成，因禹陳九功而歎美之。言是汝

〔一〕言有常　“常”，八行本、阮本作“恒”。

33

之功，明衆臣不及。

帝曰："格汝禹。朕宅帝位三十有三載，耄期倦于勤。汝惟不怠，總朕師。"[一]

禹曰："朕德罔克，民不依。皋陶邁種德，德乃降，黎民懷之。[二]帝念哉。念茲在茲，釋茲在茲，[三]名言茲在茲，允出茲在茲，惟帝念功。"[四]

[一] 八十、九十曰耄，百年曰期頤。言已年老，猒倦萬機[一]，汝不懈怠於位，稱總我衆，欲使攝。

[二] 邁，行。種，布。降，下。懷，歸也。言己無德，民所不能依。皋陶布行其德，下洽於民[二]，民歸服之。

[三] 茲，此。釋，廢也。念此人在此功，廢此人在此罪。言不可誣。

[四] 名言此事必在此義，信出此心，亦在此義。言皋陶之德，以義爲主，所宜念之。

帝曰："皋陶，惟茲臣庶，罔或干予正，[一]汝作士，明于五刑，以弼五教[三]。期于予治，[二]刑期于無刑，民協于中。時乃功，懋哉。"[三]

皋陶曰："帝德罔愆。臨下以簡，御衆以寬。[四]罰弗及嗣，賞延于世。[五]宥過無大，刑故無小。[六]罪疑惟輕，

〔一〕猒倦萬機 "猒"，八行本、阮本作"厭"。

〔二〕下洽於民 "洽"，八行本同，阮本作"治"。

〔三〕以弼五教 "弼"，阮本誤作"刑"。

功疑惟重。^{〔七〕}與其殺不辜，寧失不經。好生之德，洽于民心，茲用不犯于有司。"^{〔八〕}

　　帝曰："俾予從欲以治，四方風動，惟乃之休。"^{〔九〕}

〔一〕或，有也。無有干我正，言順命。

〔二〕弼，輔。期，當也。歎其能以刑輔教，當於治體。

〔三〕雖或行刑，以殺止殺，終無犯者。刑期于無所刑，民皆合於大中之道^{〔一〕}，是汝之功，勉之。

〔四〕愆，過也。善則歸君，人臣之義。

〔五〕嗣亦世，俱謂子。延，及也。父子罪不相及而及其賞，道德之政。

〔六〕過誤所犯，雖大必宥。不忌故犯，雖小必刑。

〔七〕刑疑附輕，賞疑從重，忠厚之至。

〔八〕辜，罪。經，常。司，主也。皋陶因帝勉己，遂稱帝之德，所以明民不犯上也。寧失不常之罪，不枉不辜之善^{〔二〕}，仁愛之道。

〔九〕使我從心所欲而政以治，民動順上命，若草應風，是汝能明刑之美。

　　帝曰："來，禹。降水儆予^{〔三〕}，成允成功，惟汝賢。^{〔一〕}克勤于邦，克儉于家，不自滿假，惟汝賢。^{〔二〕}汝惟不矜，天下莫與汝爭能。汝惟不伐，天下莫與汝爭功。^{〔三〕}予懋乃

〔一〕民皆合於大中之道　"大"，八行本作"太"。

〔二〕不枉不辜之善　"枉"，底本作"住"，據八行本、阮本改。

〔三〕降水儆予　"予"，底本作"子"，據八行本、阮本改。

德，嘉乃丕績，天之曆數在汝躬，汝終陟元后。^[四]人心惟危，道心惟微，惟精惟一，允執厥中。^[五]無稽之言勿聽，弗詢之謀勿庸。^[六]可愛非君。可畏非民。衆非元后，何戴。后非衆，罔與守邦。^[七]欽哉。慎乃有位，敬修其可願。四海困窮，天祿永終。^[八]惟口出好興戎，朕言不再。"^[九]

［一］水性流下，故曰下水。微，戒也。能成聲教之信，成治水之功，言禹最賢，重美之。

［二］滿謂盈實。假，大也。言禹惡衣薄食，卑其宮室，而盡力爲民，執心謙沖，不自盈大。

［三］自賢曰矜，自功曰伐。言禹推善讓人而不失其能，不有其勞而不失其功，所以能絕衆人。

［四］丕，大也。曆數謂天道。元，大也。大君，天子。舜善禹有治水之大功。言天道在汝身，汝終當升爲天子。

［五］危則難安，微則難明，故戒以精一，信執其中。

［六］無考無信驗，不詢專獨，終必無成，故戒勿聽用。

［七］民以君爲命，故可愛。君失道，民叛之，故可畏。言衆戴君以自存，君恃衆以守國，相須而立。

［八］有位，天子位。可願，謂道德之美。困窮，謂天民之無告者。言爲天子勤此三者^{〔一〕}，則天之祿籍長終汝身。

［九］好謂賞善，戎謂伐惡。言口榮辱之主，慮而宣之，成於一也。

禹曰："枚卜功臣，惟吉之從。"^[一]

〔一〕言爲天子勤此三者 "三"，八行本作"二"。

36

帝曰："禹，官占，惟先蔽志，昆命于元龜。[二]朕志先定，詢謀僉同，鬼神其依，龜筮協從。卜不習，吉。"[三]

禹拜稽首，固辭。[四]

帝曰："母[一]，惟汝諧。"[五]

[一] 枚謂歷卜之，而從其吉。此禹讓之意[二]。

[二] 帝王立卜占之官，故曰官占。蔽，斷。昆，後也。官占之法，先斷人志，後命於元龜。言志定然後卜。

[三] 習，因也。然已謀之於心，謀及卜筮，四者合從，卜不因吉，無所枚卜。

[四] 再辭曰固。

[五] 言母，所以禁其辭。禹有大功德，故能諧和元后之任。

正月朔旦，受命于神宗，[一]率百官，若帝之初。[二]

帝曰："咨。禹，惟時有苗弗率，汝徂征。"[三]

禹乃會群后，誓于師曰："濟濟有眾，咸聽朕命。[四]蠢茲有苗，昏迷不恭，[五]侮慢自賢，反道敗德。[六]君子在野，小人在位。[七]民棄不保，天降之咎。[八]肆予以爾眾士，奉辭罰罪。[九]爾尚一乃心力，其克有勳。"[一〇]

[一] 受舜終事之命。神宗，文祖之宗廟。言神，尊之。

[二] 順舜初攝帝位故事，奉行之。

[三] 三苗之民，數干王誅。率，循。徂，往也。不循帝道，言

〔一〕 帝曰母 "母"，阮本作"毋"。

〔二〕 此禹讓之意 "意"，八行本、阮本作"志"。

　　亂逆，命禹討之。

　[四] 會諸侯，共伐有苗。軍旅曰誓。濟濟，眾盛之貌。

　[五] 蠢，動。昏，闇也。言其所以宜討之。

　[六] 狎侮先王，輕慢典教，反正道，敗德義。

　[七] 廢仁賢，任姦佞。

　[八] 言民叛，天災之。

　[九] 肆，故也。辭謂不恭。罪謂侮慢以下事。

　[一〇] 尚，庶幾。一汝心力，以從我命。

　　　三旬，苗民逆命。[一] 益贊于禹曰：“惟德動天，無遠
弗屆。[二] 滿招損，謙受益，時乃天道。[三] 帝初于歷山，
往于田，日號泣于旻天于父母，[四] 負罪引慝。祗載見瞽瞍，
夔夔齋慄，瞽亦允若，[五] 至誠感神，矧茲有苗。”[六]

　　禹拜昌言曰：“俞。”

　　班師振旅，[七] 帝乃誕敷文德，[八] 舞干羽于兩階。[九]
七旬，有苗格。[一〇]

　[一] 旬，十日也。以師臨之，一月不服。責舜不先有文誥之命、
　　　威讓之辭，而便憚之以威，脅之以兵，所以生辭。

　[二] 贊，佐。屆，至也。益以此義佐禹，欲其修德致遠。

　[三] 自滿者人損之，自謙者人益之，是天之常道。

　[四] 仁覆愍下謂之旻天。言舜初耕于歷山之時，為父母所疾，
　　　日號泣于旻天及父母。克己自責，不責於人。

　[五] 慝，惡。載，事也。夔夔，悚懼之貌。言舜負罪引惡，敬
　　　以事，見于父，悚懼齋莊，父亦信順之。言能以至誠感
　　　頑父。

38

〔六〕誠，和。矧，況也。至和感神，況有苗乎。言易感。

〔七〕昌，當也。以<u>益</u>言爲當，故拜受而然之，遂還師。兵入曰振旅，言整衆。

〔八〕遠人不服，大布文德以來之。

〔九〕干，楯。羽，翳也。皆舞者所執。修闓文教，舞文舞于賓主階間，抑武事。

〔一〇〕討而不服，不討自來，明御之者必有道。<u>三苗</u>之國，左<u>洞庭</u>，右<u>彭蠡</u>，在荒服之外〔一〕，去京師二千五百里〔二〕。

〔一〕　在荒服之外　"外"，八行本、<u>阮</u>本作"例"。

〔二〕　去京師二千五百里　"里"，<u>阮</u>本作"里也"。

皋陶謨第四

皋陶謨^[一]

曰若稽古皋陶，^[二]曰：“允迪厥德，謨明弼諧。”^[三]

禹曰：“俞，如何。”^[四]

皋陶曰：“都。慎厥身修，思永。^[五]惇敘九族，庶明勵翼，邇可遠，在茲。”^[六]

禹拜昌言，曰：“俞。”^[七]

[一] 謨，謀也。皋陶爲帝舜謀。

[二] 亦順考古道以言之。夫典、謨，聖帝所以立治之本，皆師法古道，以成不易之則。

[三] 迪，蹈。厥，其也。其，古人也。言人君當信蹈行古人之德，謀廣聰明，以輔諧其政。

[四] 然其言，問所以行。

[五] 歎美之重也。慎修其身，思爲長久之道。

[六] 言慎修其身，厚次敘九族，則衆庶皆明其教，而自勉勵，翼戴上命。近可推而遠者，在此道。

[七] 以皋陶言爲當，故拜受而然之。

皋陶曰：“都。在知人，在安民。”^[一]

禹曰：“吁，咸若時，惟帝其難之。^[二]知人則哲，能官人。安民則惠，黎民懷之。^[三]能哲而惠，何憂乎驩兜，^[四]何遷乎有苗，何畏乎巧言令色孔壬。”^[五]

［一］歎修身親親之道，在知人所信任，在能安民。

［二］言帝堯亦以知人安民爲難，故曰吁。

［三］哲，智也。無所不知，故能官人。惠，愛也。愛則民歸之。

［四］佞人亂眞〔一〕，堯憂其敗政，故流放之。

［五］孔，甚也。巧言，靜言庸違。令色，象恭滔天〔二〕。禹言有苗、驩兜之徒甚佞如此，堯畏其亂政，故遷放之。

皋陶曰："都，亦行有九德，〔一〕亦言其人有德，乃言曰，載采采。"〔二〕

［一］言人性行有九德，以考察眞僞則可知。

［二］載，行。采，事也。稱其人有德，必言其所行某事以爲驗〔三〕。

禹曰："何。"〔一〕

皋陶曰："寬而栗，〔二〕柔而立，〔三〕愿而恭，〔四〕亂而敬，〔五〕擾而毅，〔六〕直而溫，〔七〕簡而廉，〔八〕剛而塞，〔九〕彊而義，〔一〇〕彰厥有常，吉哉。"〔一一〕

［一］問九德品例。

［二］性寬弘而能莊栗。

［三］和柔而能立事。

［四］愨愿而恭恪。

〔一〕　佞人亂眞　"眞"，據阮校，或爲"德"之訛。

〔二〕　象恭滔天　"天"，八行本作"大"。

〔三〕　必言其所行某事以爲驗　"某事"，八行本、阮本作"某事某事"。

〔五〕亂，治也。有治而能謹敬。

〔六〕擾，順也。致果爲毅。

〔七〕行正直而氣溫和。

〔八〕性簡大而有廉隅。

〔九〕剛斷而實塞。

〔一〇〕無所屈撓，動必合義。

〔一一〕彰，明。吉，善也。明九德之常，以擇人而官之，則政
之善。

"日宣三德，夙夜浚明有家。〔一〕日嚴祗敬六德，亮采
有邦。〔二〕翕受敷施，九德咸事，俊乂在官。〔三〕百僚師師，
百工惟時，〔四〕撫于五辰，庶績其凝。〔五〕

〔一〕三德，九德之中有其三。宣，布。夙，早。浚，須也。卿
大夫稱家。言能日日布行三德，早夜思之，須明行之，可
以爲卿大夫。

〔二〕有國諸侯，日日嚴敬其身，敬行六德，以信治政事，則可
以爲諸侯。

〔三〕翕，合也。能合受三六之德而用之，以布施政教，使九德
之人皆用事〔一〕。謂天子如此，則俊德治能之士並在官。

〔四〕僚、工，皆官也。師師，相師法，百官皆是。言政無非。

〔五〕凝，成也。言百官皆撫順五行之時，衆功皆成。

"無教逸欲有邦，〔一〕兢兢業業，一日二日萬幾。〔二〕無

〔一〕 使九德之人皆用事 "九"，底本作"几"，據八行本、阮本改。

曠庶官，天工人其代之。^[三]天叙有典，勅我五典五惇哉。^[四]天秩有禮，自我五禮有庸哉。^[五]同寅協恭和衷哉。^[六]天命有德，五服五章哉。^[七]天討有罪，五刑五用哉。^[八]政事懋哉，懋哉。^[九]天聰明，自我民聰明。^[一〇]天明畏，自我民明威。^[一一]達于上下，敬哉有土。"^[一二]

［一］不爲逸豫貪欲之教，是有國者之常。

［二］兢兢，戒慎^{〔一〕}。業業，危懼。幾，微也。言當戒懼萬事之微。

［三］曠，空也。位非其人爲空官。言人代天理官，不可以天官私非其才。

［四］天次敘人之常性，各有分義^{〔二〕}，當勅正我五常之教^{〔三〕}，使合于五厚，厚天下。

［五］庸，常。自，用也。天次秩有禮，當用我公、侯、伯、子、男五等之禮以接之，使有常。

［六］衷，善也。以五禮正諸侯，使同敬合恭而和善。

［七］五服，天子、諸侯、卿、大夫、士之服也。尊卑彩章各異，所以命有德。

［八］言天以五刑討有罪^{〔四〕}，用五刑，宜必當。

［九］言敘典、秩禮、命德、討罪^{〔五〕}，無非天意者。故人君居天官，聽政治事，不可以不自勉。

〔一〕　戒慎　"戒"，底本作"我"，據八行本、阮本改。

〔二〕　各有分義　"有"，底本作"日"，據八行本、阮本改。

〔三〕　當勅正我五常之教　"教"，阮本誤作"敘"。

〔四〕　言天以五刑討有罪　"有"，阮本誤作"五"。

〔五〕　討罪　"罪"，阮本誤作"罰"。

〔一〇〕言天因民而降之福，民所歸者天命之。天視聽人君之行，
　　　　用民爲聰明。

〔一一〕天明可畏，亦用民成其威。民所叛者天討之，是天明可
　　　　畏之効。

〔一二〕言天所賞罰，惟善惡所在，不避貴賤。有土之君，不可
　　　　不敬懼。

　皋陶曰："朕言惠，可厎行。"〔一〕
　禹曰："俞，乃言厎可績。"〔二〕
　皋陶曰："予未有知思，曰贊贊襄哉。"〔三〕

〔一〕其所陳九德以下之言，順於古道可致行。

〔二〕然其所陳，從而美之，曰用汝言，致可以立功。

〔三〕言我未有所知，未能思致於善徒，亦贊奏上古行事而言
　　　之〔一〕。因禹美之，承以謙辭，言之序。

益稷第五

益稷^[一]

帝曰："來，<u>禹</u>，汝亦昌言。"^[二]

<u>禹</u>拜曰："都，帝，予何言。予思日孜孜。"^[三]

<u>皋陶</u>曰："吁，如何。"^[四]

<u>禹</u>曰："洪水滔天，浩浩懷山襄陵，下民昏墊。^[五]予乘四載，隨山刊木，^[六]暨<u>益</u>奏庶鮮食。^[七]予決九川，距四海，濬畎澮，距川。^[八]暨<u>稷</u>播奏庶艱食鮮食。^[九]懋遷有無化居。^[一○]烝民乃粒，萬邦作乂。"^[一一]

<u>皋陶</u>曰："俞，師汝昌言。"^[一二]

[一] <u>禹</u>稱其人，因以名篇。

[二] 因<u>皋陶</u>謀九德^{〔一〕}，故呼<u>禹</u>，使亦陳當言。

[三] 拜而歎，辭不言，欲使帝重<u>皋陶</u>所陳。言己思日孜孜不怠，奉承臣功而已。

[四] 問所以孜孜之事。

[五] 言天下民昏瞀墊溺，皆困水災。

[六] 所載者四，謂水乘舟，陸乘車，泥乘輴，山乘檋。隨行九州之山林，刊槎其木，開通道路，以治水也。

[七] 奏謂進於民。鳥獸新殺曰鮮。與<u>益</u>槎木，獲鳥獸，民以進食。

〔一〕 因皋陶謀九德 "謀"，<u>阮</u>本作"謨"。

[八] 距，至也。決九州名川，通之至海。一畝之間〔一〕，廣尺深尺
　　　曰𤰝〔二〕。方百里之間，廣二尋，深二仞曰澮。澮、𤰝深之至
　　　川，亦入海。

[九] 艱，難也。衆難得食處，則與稷教民播種之。決川有魚鱉，
　　　使民鮮食之。

[一〇] 化，易也。居謂所宜居積者。勉勸天下，徙有之無〔三〕。魚
　　　　鹽徙山林，木徙川澤，交易其所居積。

[一一] 米食曰粒。言天下由此爲治本。

[一二] 言禹功甚當，可師法。

　　禹曰："都，帝，慎乃在位。"
　　帝曰："俞。"〔一〕
　　禹曰："安汝止，惟幾惟康，其弼直。〔二〕惟動丕應，
徯志，〔三〕以昭受上帝，天其申命用休。"〔四〕
　　帝曰："吁。臣哉鄰哉。鄰哉臣哉。"
　　禹曰："俞。"〔五〕

[一] 然禹言，受其戒。

[二] 言慎在位，當先安好惡所止，念慮幾微，以保其安，其輔
　　　臣必用直人。

[三] 徯，待也。帝先安所止，動則天下大應之，順命以待
　　　帝志〔四〕。

〔一〕 一畝之間　"畝"，阮本作"𤰝"。
〔二〕 廣尺深尺曰𤰝　"𤰝"，阮本作"畝"。
〔三〕 徙有之無　"徙"，底本作"徒"，據八行本、阮本改。
〔四〕 順命以待帝志　"命"，八行本作"天命"。

〔四〕昭，明也。非但人應之，又乃明受天之報施，天又重命
　　用美。

〔五〕鄰，近也。言君臣道近，相須而成。

　　帝曰：“臣作朕股肱耳目。〔一〕予欲左右有民，汝翼。〔二〕
予欲宣力四方，汝爲。〔三〕予欲觀古人之象，〔四〕日月星辰、
山龍華蟲，〔五〕作會宗彝，〔六〕藻火粉米、黼黻絺繡，〔七〕以
五采彰施于五色，作服，汝明。〔八〕予欲聞六律五聲八音，
在治忽，以出納五言，汝聽。〔九〕予違汝弼，汝無面從，退
有後言。〔一〇〕

〔一〕言大體若身。

〔二〕左右，助也。助我所有之民，富而教之，汝翼成我。

〔三〕布力立治之功，汝群臣當爲之。

〔四〕欲觀示法象之服制。

〔五〕日月星爲三辰，華象草華。蟲，雉也。畫三辰、山、龍、
　　華、蟲於衣服、旌旗。

〔六〕會五采也。以五采成此畫焉。宗廟彝樽，亦以山、龍、華
　　蟲爲飾。

〔七〕藻，水草有文者。火爲火字。粉若粟冰，米若聚米。黼若
　　斧形，黻爲兩已相背。葛之精者曰絺，五色備曰繡。

〔八〕天子服日月而下，諸侯自龍袞而下至黼、黻。士服藻、火，
　　大夫加粉、米。上得兼下，下不得僭上。以五采明施于五
　　色，作尊卑之服，汝明制之。

〔九〕言欲以六律和聲音，在察天下治理及忽怠者。又以出納仁、
　　義、禮、智、信五德之言，施于民，以成化，汝當聽審之。

47

〔一〇〕我違道，汝當以義輔正我，無得面從我違，而退後有言，
　　　我不可弼。

“欽四鄰，庶頑讒說，若不在時。〔一〕侯以明之，撻以
記之。〔二〕書用識哉，欲并生哉。〔三〕工以納言，時而颺之，〔四〕
格則承之庸之，否則威之。”〔五〕

〔一〕四近，前後左右之臣，勑使敬其職。衆頑愚讒說之人，若
　　所行不在於是而爲非者，當察之。
〔二〕當行射侯之禮，以明善惡之教。笞撻不是者，使記識其過。
〔三〕書識其非，欲使改悔，與共並生。
〔四〕工，樂官，當誦詩以納諫，當是正其義而颺道之。
〔五〕天下人能至于道，則承用之，任以官。不從教，則以刑
　　威之。

禹曰：“俞哉，帝光天之下，至于海隅蒼生，〔一〕萬邦
黎獻，共惟帝臣。惟帝時舉，敷納以言，明庶以功，車服
以庸。〔二〕誰敢不讓，敢不敬應。〔三〕帝不時，敷同日奏罔
功。〔四〕無若丹朱傲，惟慢遊是好，〔五〕傲虐是作，罔晝夜
額額。〔六〕罔水行舟，朋淫于家，用殄厥世。〔七〕予創若時，
娶于塗山，辛壬癸甲，〔八〕啓呱呱而泣，予弗子，惟荒度土
功。〔九〕弼成五服，至于五千，州十有二師，〔一〇〕外薄四海，
咸建五長。〔一一〕各迪有功，苗頑弗即工，帝其念哉。”〔一二〕

〔一〕光天之下，至于海隅，蒼蒼然生草木。言所及廣遠。
〔二〕獻，賢也。萬國衆賢，共爲帝臣。帝舉是而用之，使陳布

　　　　其言，明之皆以功大小爲差，以車服旌其能用之。

〔三〕上惟賢是用，則下皆敬應上命而讓善。

〔四〕帝用臣不是，則遠近布同，而日進於無功，以賢愚並位、
　　　優劣共流故。

〔五〕丹朱，堯子，舉以戒之。

〔六〕傲戲而爲虐，無晝夜，常頟頟肆惡，無休息。

〔七〕朋，群也。丹朱習於無水陸地行舟，言無度。群淫於家，
　　　妻妾亂，用是絶其世，不得嗣。

〔八〕創，懲也。塗山，國名。懲丹朱之惡。辛日娶妻，至于甲
　　　日，復往治水，不以私害公。

〔九〕啓，禹子也。禹治水，過門不入，聞啓泣聲，不暇子名之，
　　　以大治度水土之功故。

〔一〇〕五服，侯、甸、綏、要、荒服也。服五百里，四方相距，
　　　　爲方五千里。治洪水，輔成之，一州用三萬人功，九州
　　　　二十七萬庸。

〔一一〕薄，迫也。言至海。諸侯五國，立賢者一人爲方伯，謂
　　　　之五長，以相統治，以獎帝室。

〔一二〕九州五長，各蹈爲有功，惟三苗頑凶〔一〕，不得就官。善惡
　　　　分別。

帝曰：“迪朕德，時乃功惟叙。”〔一〕
皋陶方祗厥叙，方施象刑惟明。〔二〕

〔一〕言天下蹈行我德，是汝治水之功有次序，敢不念乎。

〔一〕惟三苗頑凶　“惟”，八行本作“唯”。

〔二〕方，四方。禹五服既成，故皋陶敬行其九德，考績之次序
　　於四方，又施其法刑，皆明白。史因禹功，重美之。

　　夔曰：“戛擊鳴球，搏拊琴瑟以咏。”
　　祖考來格。〔一〕虞賓在位，群后德讓。〔二〕下管鼗鼓，
合止柷敔。〔三〕笙鏞以間，鳥獸蹌蹌。〔四〕《簫韶》九成，鳳
皇來儀。〔五〕
　　夔曰：“於，予擊石拊石，百獸率舞，庶尹允諧。”〔六〕

〔一〕戛擊，柷敔，所以作止樂。搏拊，以韋爲之，實之以糠，
　　所以節樂。球，玉磬。此舜廟堂之樂。民悅其化，神歆其
　　祀，禮備樂和，故以祖考來至明之〔一〕。
〔二〕丹朱爲王者後，故稱賓。言與諸侯助祭，年爵同，推先
　　有德。
〔三〕堂下樂也。上下合止樂，各有柷敔，明球、弦、鍾、簫，
　　各自互見。
〔四〕鏞，大鍾。間，迭也。吹笙擊鍾，鳥獸化德，相率而舞蹌
　　蹌然。
〔五〕《韶》，舜樂名。言簫，見細器之備。雄曰鳳，雌曰皇，靈
　　鳥也。儀，有容儀。備樂九奏，而致鳳皇，則餘鳥獸不待
　　九而率舞。
〔六〕尹，正也。衆正官之長，信皆和諧，言神人洽，始於任賢，
　　立政以禮，治成以樂，所以太平。

〔一〕　故以祖考來至明之　“來”，底本作“夾”，據八行本、阮本改。

帝庸作歌曰：“勑天之命，惟時惟幾。”[一]

乃歌曰：“股肱喜哉，元首起哉，百工熙哉。”[二]

皋陶拜手稽首，颺言曰：“念哉。[三] 率作興事，慎乃憲，欽哉。[四] 屢省乃成，欽哉。”[五]

乃賡載歌曰：“元首明哉，股肱良哉，庶事康哉。”[六]

又歌曰：“元首叢脞哉，股肱惰哉，萬事墮哉。”[七]

帝拜曰：“俞，往欽哉。”[八]

[一] 用庶尹允諧之政，故作歌以戒，安不忘危。勑，正也。奉正天命以臨民，惟在順時，惟在慎微。

[二] 元首，君也。股肱之臣，喜樂盡忠，君之治功乃起，百官之業乃廣。

[三] 大言而疾曰颺，承歌以戒帝。

[四] 憲，法也。天子率臣下為起治之事，當慎汝法度，敬其職。

[五] 屢，數也。當數顧省，汝成功，敬終以善，無懈怠。

[六] 賡，續。載，成也。帝歌歸美股肱，義未足，故續歌先君後臣，眾事乃安，以成其義。

[七] 叢脞，細碎無大略。君如此，則臣懈惰。萬事墮廢，其功不成，歌以申戒。

[八] 拜受其歌，戒群臣，自今以往，敬其職事哉。

51

尚書卷第三　夏書

尚書卷第三　夏書

孔　氏　傳

禹貢第一

禹別九州，^[一]隨山濬川，^[二]任土作貢。^[三]

[一] 分其圻界。

[二] 刊其木，深其流。

[三] 任其土地所有，定其貢賦之差。此堯時事，而在《夏書》
　　　之首，禹之王，以是功。

禹貢^[一]
禹敷土，隨山刊木，^[二]奠高山大川。^[三]

[一] 禹制九州貢法。

[二] 洪水氾溢，禹布治九州之土，隨行山林，斬木通道。

[三] 奠，定也。高山五岳、大川四瀆，定其差秩，祀禮所視。

冀州既載，^[一]壺口，治梁及岐。^[二]既修太原，至于
岳陽。^[三]覃懷厎績，至于衡漳。^[四]厥土惟白壤，^[五]厥賦
惟上上，錯。^[六]厥田惟中中。^[七]恒、衛既從，大陸既作。^[八]
島夷皮服，^[九]夾右碣石，入于河。^[一〇]

〔一〕堯所都也。先施貢賦役，載於書。

〔二〕壺口，在冀州。梁、岐，在雍州。從東循山治水而西。

〔三〕高平曰太原。今以爲郡名。岳，太岳，在太原西南。山南
　　　曰陽。

〔四〕覃懷，近河地名。漳水橫流入河，從覃懷致功，至衡漳。

〔五〕無塊曰壤。水去土，復其性，色白而壤。

〔六〕賦謂土地所生，以供天子。上上，第一。錯，雜。雜出第
　　　二之賦。

〔七〕田之高下肥瘠，九州之中爲第五。

〔八〕二水已治，從其故道。大陸之地，已可耕作。

〔九〕海曲謂之島，居島之夷，還服其皮，明水害除。

〔一〇〕碣石，海畔山。禹夾行此山之右，而入河逆上。此州帝
　　　　都，不說境界，以餘州所至，則可知。先賦後田，亦殊
　　　　於餘州。不言貢篚，亦差於餘州。

　　濟、河惟兗州，〔一〕九河既道，〔二〕雷夏既澤，灉、沮
會同。〔三〕桑土既蠶，是降丘宅土。〔四〕厥土黑墳，〔五〕厥草
惟繇，厥木惟條。〔六〕厥田惟中下，〔七〕厥賦貞。〔八〕作十有
三載，乃同。〔九〕厥貢漆絲，厥篚織文。〔一〇〕浮于濟、漯，
達于河。〔一一〕

〔一〕東南據濟，西北距河。

〔二〕河水分爲九道，在此州界，平原以北是。

〔三〕雷夏，澤名。灉、沮二水，會同此澤。

〔四〕地高曰丘。大水去，民下丘，居平土，就桑蠶。

〔五〕色黑而墳起。

［六］鄡，茂。條，長也。

［七］田第六。

［八］貞，正也。州第九，賦正與九相當。

［九］治水十三年，乃有賦法，與他州同。

［一〇］地宜漆林，又宜桑蠶。織文，錦綺之屬，盛之筐篚而
　　　　貢焉〔一〕。

［一一］順流曰浮。濟、漯，兩水名。因水入水曰達。

　　海、岱惟青州。〔一〕嵎夷既略，濰、淄其道。〔二〕厥土
白墳，海濱廣斥。〔三〕厥田惟上下，厥賦中上。〔四〕厥貢鹽絺，
海物惟錯。〔五〕岱畎絲、枲、鉛、松、怪石。〔六〕萊夷作牧，〔七〕
厥篚檿絲。〔八〕浮于汶，達于濟。

［一］東北據海，西南距岱。

［二］嵎夷，地名。用功少曰略。濰、淄二水，復其故道。

［三］濱，涯也。言復其斥鹵。

［四］田第三，賦第四。

［五］絺，細葛〔二〕。錯，雜，非一種。

［六］畎，谷也。怪，異，好石似玉者，岱山之谷出此五物，皆
　　　貢之。

［七］萊夷，地名，可以放牧。

［八］檿桑蠶絲，中琴瑟弦。

〔一〕　盛之筐篚而貢焉　“筐”，阮本作“筐”。

〔二〕　細葛　“葛”，八行本作“菖”。

海、岱及淮惟徐州。^[一]淮、沂其乂，蒙、羽其藝。^[二]大野既豬，東原底平。^[三]厥土赤埴墳，草木漸包。^[四]厥田惟上中，厥賦中中。^[五]厥貢惟土五色。^[六]羽畎夏翟，嶧陽孤桐。^[七]泗濱浮磬，淮夷蠙珠暨魚。^[八]厥篚玄纖縞，^[九]浮于淮、泗，達于河。

[一] 東至海，北至岱，南及淮。

[二] 二水已治，二山已可種藝。

[三] 大野，澤名。水所停曰豬。東原致功而平，言可耕。

[四] 土黏曰埴。漸，進長。包，叢生。

[五] 田第二，賦第五。

[六] 王者封五色土爲社，建諸侯，則各割其方色土與之，使立社。燾以黃土，苴以白茅，茅取其潔^{〔一〕}，黃取王者，覆四方。

[七] 夏翟，翟雉名，羽中旌旄，羽山之谷有之。孤，特也。嶧山之陽特生桐，中琴瑟。

[八] 泗，水涯。水中見石，可以爲磬。蠙珠，珠名。淮、夷二水出蠙珠及美魚。

[九] 玄，黑繒。縞，白繒。纖，細也。纖在中，明二物皆當細。

淮海惟揚州，^[一]彭蠡既豬，陽鳥攸居。^[二]三江既入，震澤底定。^[三]篠簜既敷，^[四]厥草惟夭，厥木惟喬，^[五]厥土惟塗泥。^[六]厥田唯下下，厥賦下上上錯。^[七]厥貢惟金三品。^[八]瑤琨篠簜，^[九]齒革羽毛惟木。^[一○]鳥夷卉服。^[一一]厥篚織貝，^[一二]厥包橘柚，錫貢。^[一三]沿于江海，

〔一〕 茅取其潔　"潔"，八行本作"絜"。

達于淮、泗。^{〔一四〕}

[一] 北據淮，南距海。

[二] 彭蠡，澤名。隨陽之鳥，鴻鴈之屬，冬月所居於此澤。

[三] 震澤，吳南太湖名〔一〕。言三江已入，致定爲震澤。

[四] 篠，竹箭。簜，大竹。水去已布生。

[五] 少長曰夭。喬，高也。

[六] 地泉濕。

[七] 田第九，賦第七，雜出第六。

[八] 金、銀、銅也。

[九] 瑶、琨，皆美玉。

[一〇] 齒，象牙〔二〕。革，犀皮。羽，鳥羽。毛，旄牛尾。木，
　　　　　　櫹、楠、豫章〔三〕。

[一一] 南海島夷，草服葛越。

[一二] 織，細紵。貝，水物。

[一三] 小曰橘，大曰柚。其所包裹而致者〔四〕。錫命乃貢，言
　　　　　　不常。

[一四] 順流而下曰沿。沿江入海，自海入淮，自淮入泗。

荆及衡陽惟荆州。^{〔一〕}江、漢朝宗于海，^{〔二〕}九江孔殷，^{〔三〕}
沱、潛既道，^{〔四〕}雲土夢作乂。^{〔五〕}厥土惟塗泥，厥田惟下
中，厥賦上下。^{〔六〕}厥貢羽毛齒革，惟金三品。^{〔七〕}杶、榦、

〔一〕 吳南太湖名 “太”，八行本、阮本作“大”。

〔二〕 象牙 “象”，阮本誤作“革”。

〔三〕 櫹楠豫章 “楠”，八行本、阮本作“梓”。案：當作“楠”。

〔四〕 其所包裹而致者 “裹”，底本作“裏”，據八行本、阮本改。

栝、柏，^[八]礪、砥、砮、丹，^[九]惟箘、簵、楛，三邦底
貢厥名。^[一〇]包，^[一一]匭、菁、茅，^[一二]厥篚玄纁璣組，^[一三]
<u>九江</u>納錫大龜。^[一四]浮于<u>江</u>、<u>沱</u>、<u>潛</u>、<u>漢</u>，逾于<u>洛</u>，至于
<u>南河</u>。^[一五]

[一] 北據<u>荆山</u>，南及<u>衡山</u>之陽。

[二] 二水經此州而入海，有似於朝，百川以海爲宗。宗，尊也。

[三] <u>江</u>於此州界分爲九道，甚得地勢之中。

[四] <u>沱</u>，<u>江</u>別名。<u>潛</u>，水名。皆復其故道。

[五] <u>雲夢</u>之澤在<u>江</u>南，其中有平土丘，水去可爲耕作畎畝之治。

[六] 田第八，賦第三，人功修。

[七] 土所出與<u>揚州</u>同。

[八] 榦，柏也^{〔一〕}。柏葉松身曰栝。

[九] 砥細於礪，皆磨石也。砮，石，中矢鏃。丹，朱類。

[一〇] 箘、簵^{〔二〕}，美竹。楛，中矢榦。三物皆出<u>雲夢</u>之澤，近澤
　　　三國，常致貢之。其名天下稱善。

[一一] 橘、柚。

[一二] 匭，匣也。菁以爲菹，茅以縮酒。

[一三] 此州染玄纁色善，故貢之。璣，珠類，生於水。組，
　　　綬類。

[一四] 尺二寸曰大龜，出於<u>九江</u>水中。龜不常用，錫命而納之。

[一五] 逾，越也。<u>河</u>在<u>冀州</u>南，東流，故越<u>洛</u>而至<u>南河</u>。

〔一〕 柏也 "柏"，八行本作"栝"。
〔二〕 箘簵 "箘"，八行本作"箇"。

　　荊、河惟豫州，^[一]伊、洛、瀍、澗，既入于河。^[二]
滎波既豬，^[三]導菏澤，被孟豬。^[四]厥土惟壤，下土墳壚。^[五]
厥田惟中上，厥賦錯上中。^[六]厥貢漆、枲、絺、紵，厥篚
纖、纊。^[七]錫貢磬錯。^[八]浮于洛，達于河。

　　[一] 西南至荊山，北距河水。

　　[二] 伊出陸渾山。洛出上洛山。澗出沘池山。瀍出河南北山。
　　　　四水合流而入河。

　　[三] 滎澤波水已成遏豬。

　　[四] 菏澤在胡陵^{〔一〕}。孟豬，澤名，在菏東北。水流溢，覆被之。

　　[五] 高者壤，下者壚。壚，疏^{〔二〕}。

　　[六] 田第四，賦第二，又雜出第一。

　　[七] 纊，細緜。

　　[八] 治玉石曰錯，治磬錯。

　　華陽、黑水惟梁州。^[一]岷、嶓既藝，沱、潛既道，^[二]
蔡、蒙旅平，和夷厎績。^[三]厥土青黎，^[四]厥田惟下上，
厥賦下中，三錯。^[五]厥貢璆、鐵、銀、鏤、砮、磬，^[六]熊、
羆、狐、狸織皮。^[七]西傾因桓是來，浮于潛，逾于沔。^[八]
入于渭，亂于河。^[九]

　　[一] 東據華山之南，西距黑水。

　　[二] 岷山、嶓冢，皆山名。水去已可種藝。沱、潛發源，此州

〔一〕 菏澤在胡陵　"菏"，八行本作"荷"。
〔二〕 下者壚壚疏　此句八行本同，阮本作"下者墳。壚，疏"。案：阮本是。

　　　　入荆州。

　〔三〕蔡、蒙，二山名。祭山曰旅。平言治功畢。和夷之地，致
　　　　功可藝。

　〔四〕色青黑而沃壤。

　〔五〕田第七，賦第八，雜出第七、第九三等。

　〔六〕璆，玉名。鏤，剛鐵。

　〔七〕貢四獸之皮，織金罽。

　〔八〕西傾，山名。桓水自西傾山南行，因桓水是来浮于潛。漢
　　　　上曰沔。

　〔九〕越沔而北入渭，浮東渡河，而還帝都，曰所治。正絕流
　　　　曰亂。

　　黑水、西河惟雍州。〔一〕弱水既西，〔二〕涇屬渭汭。〔三〕漆、
沮既從，灃水攸同。〔四〕荆、岐既旅，〔五〕終南、惇物，至
于鳥鼠。〔六〕原隰厎績，至于豬野。〔七〕三危既宅，三苗丕
叙。〔八〕厥土惟黃壤，厥田惟上上，厥賦中下。〔九〕厥貢惟球、
琳、琅玕。〔一〇〕浮于積石，至于龍門、西河。〔一一〕會于渭
汭。〔一二〕織皮昆侖、析支、渠搜，西戎即叙。〔一三〕

　〔一〕西距黑水，東據河。龍門之河，在冀州西。

　〔二〕導之西流，至於合黎。

　〔三〕屬，逮也。水北曰汭。言治涇水，入於渭。

　〔四〕漆、沮之水，已從入渭。灃水所同，同之於渭。

　〔五〕已旅祭，言治功畢。此荆在岐東，非荆州之荆。

　〔六〕三山名，言相望。

　〔七〕下濕曰隰。豬野，地名，言皆致功。

〔八〕西裔之山已可居，三苗之族大有次敍。美禹之功。

〔九〕田第一，賦第六，人功少。

〔一〇〕球、琳，皆玉名。琅玕，石而似玉〔一〕。

〔一一〕積石山在金城西南，河所經也。沿河順流而北，千里而東，千里而南。龍門山，在河東之西界。

〔一二〕逆流曰會。自渭北涯逆水西上。

〔一三〕織皮，毛布。有此四國，在荒服之外，流沙之內。羌、髳之屬，皆就次敍。美禹之功及戎狄也。

導岍及岐，至于荆山，〔一〕逾于河，〔二〕壺口、雷首至于太岳、〔三〕厎柱、析城，至于王屋、〔四〕太行、恒山，至于碣石，入于海。〔五〕

〔一〕更理說所治山川首尾所在。治山通水，故以山名之〔二〕。三山皆在雍州。

〔二〕此謂梁山、龍門、西河。

〔三〕三山在冀州。太岳，上黨西。

〔四〕此三山在冀州南，河之北，東行。

〔五〕此二山連延東北，接碣石而入滄海。百川經此衆山，禹皆治之，不可勝名，故以山言之。

西傾、朱圉、鳥鼠，〔一〕至于太華、〔二〕熊耳、外方、桐柏，至于陪尾。〔三〕導嶓冢，至于荆山、〔四〕內方，至于大

〔一〕 石而似玉 “玉”，八行本作“珠”。案：當作“珠”。

〔二〕 故以山名之 “之”，八行本作“乏”。

別，^[五]岷山之陽，至于衡山。^[六]過九江，至于敷淺原。^[七]

[一] 西傾、朱圉在積石以東。鳥鼠，渭水所出，在隴西之西。
三者，雍州之南山。

[二] 相首尾而東。

[三] 四山相連，東南在豫州界，洛經熊耳，伊經外方，淮出桐
柏，經陪尾。凡此皆先舉所施功之山於上，而後條列所治
水於下，互相備。

[四] 漾水出嶓冢，在梁州，經荊山。荊山在荊州。

[五] 内方、大別，二山名，在荊州，漢所經。

[六] 岷山，江所出，在梁州。衡山，江所經，在荊州。

[七] 言衡山連延，過九江，接敷淺原。言導，從首起。言陽，
從南。敷淺原，一名博陽山，在楊州豫章界〔一〕。

導弱水，至于合黎，^[一]餘波入于流沙。^[二]導黑水，
至于三危，入于南海。^[三]

導河，積石至于龍門，^[四]南至于華陰，^[五]東至于厎
柱。^[六]又東至于孟津，^[七]東過洛汭，至于大伾。^[八]北
過降水，至于大陸。^[九]又北播爲九河，^[一〇]同爲逆河，
入于海。^[一一]

[一] 合黎，水名，在流沙東。

[二] 弱水餘波，西溢入流沙。

[三] 黑水自北而南，經三危，過梁州，入南海。

〔一〕 在楊州豫章界 "楊"，八行本、阮本作"揚"。

〔四〕施功發於積石，至于龍門，或鑿山，或穿地，以通流。

〔五〕河自龍門南流，至華山北而東行。

〔六〕底柱，山名。河水分流，包山而過，山見水中，若柱然，
　　　在西虢之界。

〔七〕孟津，地名，在洛北，都道所湊，古今以爲津。

〔八〕洛汭，洛入河處。山再成曰伾。至于大伾而北行。

〔九〕降水，水名，入河。大陸，澤名。

〔一〇〕北分爲九河，以殺其溢。在兗州界。

〔一一〕同合爲一大河，名逆河，而入於渤海。皆禹所加功，故
　　　　敘之。

　　嶓冢導漾，東流爲漢。〔一〕又東爲滄浪之水，〔二〕過三澨，
至于大別，〔三〕南入于江。〔四〕東匯澤爲彭蠡，〔五〕東爲北江，
入于海。〔六〕

　　岷山導江，東別爲沱。〔七〕又東至于澧，〔八〕過九江，至
于東陵，〔九〕東迤北，會于匯，〔一〇〕東爲中江，入于海。〔一一〕

〔一〕泉始出山爲漾水，東南流爲沔水，至漢中東流爲漢水〔一〕。

〔二〕別流在荆州。

〔三〕三澨，水名，入漢。大別，山名。

〔四〕觸山迴，南入江。

〔五〕匯，迴也。水東迴爲彭蠡大澤。

〔六〕自彭蠡，江分爲三，入震澤，遂爲北江而入海。

〔七〕江東南流，沱東行。

〔一〕　至漢中東流爲漢水　"流"，八行本作"行"。

〔八〕澧，水名。

〔九〕江分爲九道，在荆州。東陵，地名。

〔一〇〕迆，溢也。東溢分流，都共北會爲彭蠡〔一〕。

〔一一〕有北有中，南可知。

　　導沇水，東流爲濟，〔一〕入于河，溢爲滎。〔二〕東出于陶丘北，〔三〕又東至于菏，〔四〕又東北會于汶，〔五〕又北，東入于海。〔六〕

　　導淮自桐柏。〔七〕東會于泗、沂，東入于海。〔八〕

〔一〕泉源爲沇，流去爲濟。在温西北平地。

〔二〕濟水入河，並流十數里而南截河。又並流數里，溢爲滎澤，
　　　在敖倉東南。

〔三〕陶丘，丘再成。

〔四〕菏澤之水。

〔五〕濟與汶合。

〔六〕北折而東。

〔七〕桐柏山，在南陽之東。

〔八〕與泗、沂二水合，入海。

　　導渭，自鳥鼠同穴。〔一〕東會于灃，又東會于涇。〔二〕又東過漆、沮，入于河。〔三〕

　　導洛，自熊耳，〔四〕東北會于澗、瀍。〔五〕又東會于伊，〔六〕又東北入于河。〔七〕

〔一〕　都共北會爲彭蠡　"共"，底本作"其"，八行本、阮本作"共"，據改。

［一］鳥鼠共爲雄雌〔一〕，同穴處此山，遂名山曰鳥鼠，渭水出焉。

［二］灃水自南，涇水自北而合。

［三］漆、沮，二水名，亦曰洛水，出馮翊北。

［四］在宜陽之西。

［五］會于河南城南。

［六］合於洛陽之南。

［七］合於鞏之東。

　　九州攸同，〔一〕四隩既宅。〔二〕九山刊旅，九川滌源。九澤既陂，〔三〕四海會同，六府孔修。〔四〕庶土交正，厎慎財賦，〔五〕咸則三壤，成賦中邦。〔六〕錫土姓，祗台德先，不距朕行。〔七〕

［一］所同事在下。

［二］四方之宅已可居。

［三］九州名山，與槎木通道，而旅祭矣。九州之川，已滌除泉源，無壅塞矣。九州之澤，已陂障，無決溢矣。

［四］四海之內，會同京師，九州同風，萬國共貫。水、火、金、木、土、穀甚修治，言政化和。

［五］交，俱也。眾土俱得其正，謂壤、墳、壚〔二〕，致所慎者財、貨、貢、賦，言取之有節，不過度。

［六］皆法壤田上、中、下，大較三品，成九州之賦，明水害除。

［七］台，我也。天子建德，因生以賜姓，謂有德之人生此地，

〔一〕　鳥鼠共爲雄雌　"雄雌"，阮本作"雌雄"。

〔二〕　謂壤墳壚　"壚"，八行本作"盧"。

以此地名賜之姓以顯之。王者常自以敬我德爲先，則天下
無距違我行者。

五百里甸服：[一] 百里賦納總，[二] 二百里納銍，[三]
三百里納秸服，[四] 四百里粟，五百里米。[五]
五百里侯服：[六] 百里采，[七] 二百里男邦，[八] 三百里
諸侯。[九]

[一] 規方千里之內謂之甸服，爲天子服治田，去王城面五百里。

[二] 甸服內之百里近王城者。禾稾曰總，入之供飼國馬。

[三] 銍，刈，謂禾穗。

[四] 秸，稾也。服稾役。

[五] 所納精者少，麤者多。

[六] 甸服外之五百里。侯，候也。斥候而服事。

[七] 侯服內之百里，供王事而已，不主一。

[八] 男，任也。任王者事。

[九] 三百里同爲王者斥候，故合三爲一名。

五百里綏服：[一] 三百里揆文教，[二] 二百里奮武衛。[三]
五百里要服：[四] 三百里夷，[五] 二百里蔡。[六]
五百里荒服：[七] 三百里蠻，[八] 二百里流。[九]

[一] 綏，安也。侯服外之五百里，安服王者政教。

[二] 揆，度也。度王者文教而行之，三百里皆同。

[三] 文教外之二百里，奮武衛，天子所以安。

[四] 綏服外之五百里，要束以文教。

〔五〕守平常之教，事王者而已。

〔六〕蔡，法也。法三百里而差簡。

〔七〕要服外之五百里，言荒，又簡略。

〔八〕以文德，蠻來之，不制以法。

〔九〕流，移也。言政教隨其俗。凡五服，相距爲方五千里。

東漸于海，西被于流沙，朔南暨聲教，^{〔一〕}訖于四海。禹錫玄圭，告厥成功。^{〔二〕}

〔一〕漸，入也。被，及也。此言五服之外，皆與王者聲教而
　　朝見。

〔二〕玄，天色。禹功盡加於四海，故堯賜玄圭，以彰顯之。言
　　天功成。

甘誓第二

　　啓與有扈戰于甘之野，作《甘誓》。[一]

　　[一]夏啓嗣禹位〔一〕，伐有扈之罪。

甘誓 [一]
　　大戰于甘，乃召六卿。[二]
　　王曰："嗟，六事之人，[三]予誓告汝：有扈氏威侮五行，怠棄三正，[四]天用勦絕其命。[五]今予惟恭行天之罰。[六]左不攻于左，汝不恭命。[七]右不攻于右，汝不恭命。[八]御非其馬之正，汝不恭命。[九]用命，賞于祖。[一〇]弗用命，戮于社，[一一]予則孥戮汝。"[一二]

　　[一]甘，有扈郊地名。將戰先誓。
　　[二]天子六軍，其將皆命卿。
　　[三]各有軍事，故曰六事。
　　[四]五行之德，王者相承所取法。有扈與夏同姓，恃親而不恭，是則威虐侮慢五行，怠惰棄廢天地人之正道，言亂常。
　　[五]用其失道故。勦，截也。截絕，謂滅之。
　　[六]恭，奉也。言欲截絕之。
　　[七]左，車左。左方主射。攻，治也，治其職。
　　[八]右，車右。勇力之士執戈矛以退敵。

［九］御以正馬爲政。三者有失，皆不奉我命。

［一〇］天子親征，必載遷廟之祖主行，有功則賞祖主前，示
　　　不專。

［一一］天子親征，又載社主，謂之社事。不用命奔北者，則戮
　　　之於社主前。社主陰，陰主殺。親祖嚴社之義。

［一二］孥，子也。非但止汝身，辱及汝子。言恥累也。

五子之歌第三

太康失邦，[一]昆弟五人，須于洛汭，作《五子之歌》。[二]

[一]啓子也。盤于遊田，不恤民事，爲羿所逐，不得反國。

[二]太康五弟與其母待太康於洛水之北，怨其不反，故作歌。

五子之歌 [一]

太康尸位以逸豫 [一]，[二]滅厥德，黎民咸貳。[三]乃盤游無度，[四]畋于有洛之表，十旬弗反。[五]有窮后羿，因民弗忍，距于河，[六]厥弟五人，御其母以從，[七]徯于洛之汭。五子咸怨，[八]述大禹之戒，以作歌。[九]

[一]啓之五子，因以名篇。

[二]尸，主也。主以尊位，爲逸豫不勤。

[三]君喪其德，則衆民皆二心矣。

[四]盤樂遊逸無法度。

[五]洛水之表，水之南。十日曰旬。田獵過百日不還。

[六]有窮，國名。羿，諸侯名。距太康於河，不得入國，遂廢之。

[七]御，待也。言從畋。

[八]待太康，怨其久畋失國。

〔一〕太康尸位以逸豫 "太"，底本作"大"，據八行本、阮本改。

72

［九］述，循也。歌以敍怨。

　　其一曰：“皇祖有訓，民可近，不可下。^{［一］}民惟邦本，本固邦寧。^{［二］}予視天下，愚夫愚婦，一能勝予。^{［三］}一人三失，怨豈在明，不見是圖。^{［四］}予臨兆民，懍乎若朽索之馭六馬。^{［五］}爲人上者，奈何不敬。”^{［六］}

［一］皇，君也。君祖禹有訓戒。近謂親之，下謂失分。

［二］言人君當固民以安國。

［三］言能畏敬小民，所以得衆心。

［四］三失，過非一也。不見是謀，備其微。

［五］十萬曰億，十億曰兆，言多。懍，危貌。朽，腐也。腐索馭
　　　六馬，言危懼甚。

［六］能敬則不驕，在上不驕，則高而不危。

　　其二曰：“訓有之，内作色荒，外作禽荒。^{［一］}甘酒嗜音，峻宇彫墙。^{［二］}有一于此，未或不亡。”^{［三］}
　　其三曰：“惟彼陶唐，有此冀方。^{［四］}今失厥道，亂其紀綱，乃底滅亡。”^{［五］}

［一］作，爲也。迷亂曰荒。色，女色。禽，鳥獸。

［二］甘、嗜，無厭足。峻，高大。彫，飾畫。

［三］此六者，棄德之君，必有其一，有一必亡，況兼有乎。

［四］陶唐，帝堯氏，都冀州，統天下四方。

［五］言失堯之道，亂其法制，自致滅亡。

其四曰："明明我祖，萬邦之君。有典有則，貽厥子孫。[一]關石和鈞，王府則有。荒墜厥緒，覆宗絕祀。"[二]

其五曰："嗚呼，曷歸，予懷之悲。[三]萬姓仇予，予將疇依。[四]鬱陶乎予心，顏厚有忸怩。[五]弗慎厥德，雖悔可追。"[六]

[一] 君萬國爲天子。典謂經籍。則，法。貽，遺也。言仁及後世。

[二] 金鐵曰石，供民器用，通之使和平，則官民足。言古制存，而太康失其業，以取亡。

[三] 曷，何也。言思而悲。

[四] 仇，怨也。言當依誰以復國乎。

[五] 鬱陶，言哀思也。顏厚，色愧。忸怩，心慙。慙愧於仁人賢士。

[六] 言人君行己，不慎其德，以速滅敗。雖欲改悔，其可追及乎。言無益。

胤征第四

羲、和湎淫，廢時亂日，[一]胤往征之，作《胤
征》。[二]

[一]羲氏、和氏世掌天地四時之官，自唐、虞至三代，世職不
　　絶。承太康之後，沈湎於酒。過差非度，廢天時，亂甲乙。
[二]胤國之君，受王命，往征之。

胤征[一]

惟仲康肇位四海，[二]胤侯命掌六師。[三]羲、和廢厥職，
酒荒于厥邑，[四]胤后承王命徂征。[五]

[一]奉辭罰罪曰征。
[二]羿廢太康，而立其弟仲康爲天子。
[三]仲康命胤侯掌主六師[一]，爲大司馬。
[四]舍其職官，還其私邑，以酒迷亂，不修其業。
[五]徂，往也。就其私邑往討之。

告于衆曰："嗟予有衆，[一]聖有謨訓，明徵定保，[二]
先王克謹天戒，臣人克有常憲。[三]百官修輔，厥后惟明
明。[四]每歲孟春，遒人以木鐸徇于路。[五]官師相規，工
執藝事以諫，[六]其或不恭，邦有常刑。[七]

〔一〕仲康命胤侯掌主六師　"主"，阮本作"王"。

75

［一］誓勅之。

［二］徵，證。保，安也。聖人所謀之教訓，爲世明證，所以定
國安家。

［三］言君能慎戒，臣能奉有常法。

［四］修職輔君，君臣俱明。

［五］道人，宣令之官。木鐸，金鈴木舌，所以振文教。

［六］官師，衆官。更相規闕，百工各執其所治技藝以諫，諫失常。

［七］言百官廢職，服大刑。

“惟時羲、和，顛覆厥德，^{［一］}沈亂于酒，畔官離
次^{［一］}，^{［二］}俶擾天紀，遐棄厥司。^{［三］}乃季秋月朔，辰弗集于
房。^{［四］}瞽奏鼓，嗇夫馳，庶人走。^{［五］}羲、和尸厥官，罔
聞知，^{［六］}昏迷于天象，以干先王之誅。^{［七］}《政典》曰：‘先
時者殺無赦，^{［八］}不及時者殺無赦。’^{［九］}

［一］顛覆，言反倒。將陳羲、和所犯，故先舉孟春之令，犯令之誅。

［二］沈謂醉冥，失次位也。

［三］俶，始。擾，亂。遐，遠也。紀謂時日司所主也。

［四］辰，日月所會。房，所舍之次。集，合也。不合即日食可知。

［五］凡日食，天子伐鼓於社，責上公。瞽，樂官。樂官進鼓，
則伐之。嗇夫，主幣之官。馳取幣，禮天神。衆人走，供
救日食之百役也。

［六］主其官而無聞知於日食之變異，所以罪重。

［七］闇錯天象，言昏亂之甚。干，犯也。

〔一〕畔官離次 “官”，<u>阮</u>本作“宫”。

［八］《政典》，夏后爲政之典籍，若《周官》六卿之治典。先時，
　　謂曆象之法，四時節氣，弦望晦朔。先天時則罪死無赦。

［九］不及，謂曆象後天時。雖治其官，苟有先後之差，則無赦，
　　况廢官乎。

“今予以爾有衆，奉將天罰。[一] 爾衆士同力王室，尚
弼予欽承天子威命。[二] 火炎崑岡，玉石俱焚。[三] 天吏逸
德，烈于猛火。[四] 殲厥渠魁，脅從罔治，[五] 舊染汙俗，
咸與惟新。[六] 嗚呼，威克厥愛，允濟。[七] 愛克厥威，允
罔功。[八] 其爾衆士，懋戒哉。”[九]

［一］將，行也。奉王命，行王誅，謂殺涸淫之身，立其賢子弟。

［二］以天子威命，督其士衆，使用命。

［三］山脊曰岡。崑山出玉，言火逸而害玉。

［四］逸，過也。天王之吏，爲過惡之德，其傷害天下，甚於火
　　之害玉。猛火烈矣，又烈於火。

［五］殲，滅。渠，大。魁，帥也。指謂羲、和罪人之身，其脅
　　從距王師者，皆無治。

［六］言其餘人久染汙俗，本無惡心，皆與更新，一無所問。

［七］歎能以威勝所愛，則必有成功。

［八］以愛勝威，無以濟衆，信無功。

［九］言當勉以用命，戒以辟戮。

帝告 釐沃

　　自契至于成湯八遷，^[一]湯始居亳，從先王居，^[二]作《帝告》《釐沃》。^[三]

　　[一]十四世，凡八徙國都。

　　[二]契父帝嚳，都亳。湯自商丘遷焉，故曰從先王居。

　　[三]告來居，治沃土。二篇皆亡。

湯　征

　　湯征諸侯，^[一]葛伯不祀，湯始征之，^[二]作《湯征》。^[三]

　　[一]爲夏方伯，得專征伐。

　　[二]葛國，伯爵也。廢其土地、山川及宗廟、神祇，皆不祀。湯始伐之，伐始於葛。

　　[三]述始征之義也。亡。

汝鳩　汝方

　　伊尹去亳適夏，[一]既醜有夏，復歸于亳。[二]入
自北門，乃遇汝鳩、汝方，[三]作《汝鳩》《汝方》。[四]

　　[一]伊尹，字氏。湯進於桀。

　　[二]醜惡其政，不能用賢，故退還。

　　[三]鳩、方二人，湯之賢臣。不期而會曰遇。

　　[四]言所以醜夏，而還之意。二篇皆亡。

尚書卷第四　商書

尚書卷第四　商書

湯誓第一

　　伊尹相湯伐桀，升自陑，^[一]遂與桀戰于鳴條之野，^[二]作《湯誓》。

　[一] 桀都安邑，湯升道從陑，出其不意。陑，在河曲之南。
　[二] 地在安邑之西。桀逆拒湯。

　　湯誓^[一]
　　王曰："格爾衆庶，悉聽朕言。^[二]非台小子，敢行稱亂。有夏多罪，天命殛之。^[三]今爾有衆，汝曰：'我后不恤我衆，舍我穡事，而割正夏。'^[四]予惟聞汝衆言，^[五]夏氏有罪，予畏上帝，不敢不正。^[六]

　[一] 戒誓其士衆。
　[二] 契始封商，湯遂以爲天下號。湯稱王，則比桀於一夫。
　[三] 稱，舉也。舉亂以諸侯伐天子，非我小子敢行此事，桀有
　　　昏德，天命誅之^[一]，今順天。

───────
〔一〕 天命誅之　"天"，八行本作"民"。

83

〔四〕汝，汝有衆。我后，桀也。正，政也。言奪民農功，而爲
　　　割剝之政。

〔五〕不憂我衆之言。

〔六〕不敢不正桀罪誅之。

　　“今汝其曰：‘夏罪其如台。’〔一〕夏王率遏衆力，率
割夏邑。〔二〕有衆率怠弗協，曰：‘時日曷喪，予及汝皆
亡。’〔三〕夏德若茲，今朕必往。〔四〕

　　“爾尚輔予一人，致天之罰，予其大賚汝。〔五〕爾無不信，
朕不食言。〔六〕爾不從誓言，〔七〕予則孥戮汝，罔有攸赦。”〔八〕

〔一〕今汝其復言桀惡，其亦如我所聞之言。

〔二〕言桀君臣相率爲勞役之事以絕衆力，謂廢農功。相率割剝
　　　夏之邑居，謂征賦重。

〔三〕衆下相率爲怠惰，不與上和合。比桀於日。曰“是日何時
　　　喪，我與汝俱亡”。欲殺身以喪桀。

〔四〕凶德如此，我必往誅之。

〔五〕賚，與也。汝庶幾輔成我，我大與汝爵賞。

〔六〕食盡其言，僞不實。

〔七〕不用命。

〔八〕古之用刑，父子兄弟罪不相及。今云孥戮汝，無有所赦，
　　　權以脅之，使勿犯。

夏社　疑至　臣扈

湯既勝夏，欲遷其社，不可，[一]作《夏社》《疑至》《臣扈》。[二]

[一]湯承堯、舜禪代之後，順天應人，逆取順守，而有慙德。故革命創制，改正易服，變置社稷，而後世無及句龍者，故不可而止。

[二]言夏社不可遷之義。《疑至》及《臣扈》三篇皆亡。

典　寶

　　夏師敗績，湯遂從之。[一]遂伐三朡，俘厥寶玉，[二]
誼伯、仲伯，作《典寶》。[三]

　　[一] 大崩曰敗績。從謂逐討之[一]。
　　[二] 三朡，國名，桀走保之，今定陶也。桀自安邑東入山，出
　　　　　太行，東南涉河，湯緩追之，不迫，遂奔南巢。俘，取也。
　　　　　玉以禮神，使無水旱之災，故取而寶之。
　　[三] 二臣作《典寶》一篇，言國之常寶也。亡。

─────────
〔一〕 從謂逐討之　"逐"，阮本作"遂"。

仲虺之誥第二

湯歸自夏，至于大坰，^[一]仲虺作誥。^[二]

[一] 自三朡而還。大坰，地名。

[二] 爲湯左相奚仲之後。

仲虺之誥^[一]

成湯放桀于南巢，惟有慙德，^[二]曰："予恐來世以台爲口實。"^[三]

仲虺乃作誥，^[四]曰："嗚呼，惟天生民有欲，無主乃亂，^[五]惟天生聰明時乂。^[六]有夏昏德，民墜塗炭。^[七]天乃錫王勇智，表正萬邦，纘禹舊服。^[八]茲率厥典，奉若天命。^[九]夏王有罪，矯誣上天，以布命于下。^[一○]帝用不臧，式商受命，用爽厥師。^[一一]

[一] 仲虺，臣名。以諸侯相天子。會同曰誥。

[二] 湯伐桀，武功成，故以爲號。南巢，地名。有慙德，慙德不及古。

[三] 恐來世論道我放天子，常不去口。

[四] 陳義誥湯，可無慙。

[五] 民無君主，則恣情欲，必致禍亂。

[六] 言天生聰明，是治民亂。

[七] 夏桀昏亂，不恤下民，民之危險，若陷泥墜火，無救之者。

[八] 言天與王勇智，應爲民主，儀表天下，法正萬國，繼禹之

87

功，統其故服。

〔九〕天意如此，但當循其典法，奉順天命而已，無所懟。

〔一〇〕言託天以行虐於民，乃桀之大罪。

〔一一〕天用桀無道，故不善之。式，用。爽，明也。用商受王命〔一〕，用明其衆，言爲主也。

"簡賢附勢，寔繁有徒。〔一〕肇我邦于有夏，若苗之有莠，若粟之有秕。〔二〕小大戰戰，罔不懼于非辜，矧予之德，言足聽聞。〔三〕惟王不邇聲色，不殖貨利。〔四〕德懋懋官，功懋懋賞。用人惟己，改過不吝。〔五〕克寬克仁，彰信兆民。〔六〕乃葛伯仇餉，初征自葛，東征西夷怨，南征北狄怨。〔七〕

〔一〕簡，略也。賢而無勢則略之，不賢有勢則附之。若是者繁多有徒衆，無道之世所常。

〔二〕始我商家，國於夏世，欲見翦除，若莠生苗，若秕在粟，恐被鋤治簸颺。

〔三〕言商家小大憂危，恐其非罪見滅。矧，況也。況我之道德善，言足聽聞乎。無道之惡有道，自然理。

〔四〕邇，近也。不近聲樂，言清簡。不近女色，言貞固。殖，生也。不生資貨財利，言不貪也。既有聖德，兼有此行。

〔五〕勉於德者則勉之以官，勉於功者則勉之以賞。用人之言，若自己出。有過則改，無所吝惜，所以能成王業。

〔六〕言湯寬仁之德，明信於天下。

〔一〕用商受王命 "王"，底本作"主"，據八行本、阮本改。

〔七〕葛伯遊行，見農民之餉於田者，殺其人奪其餉，故謂之仇
　　　餉。仇，怨也。湯爲是以不祀之罪伐之，從此後遂征無道。
　　　西夷、北狄，舉遠以言，則近者著矣。

　　"曰：'奚獨後予。'〔一〕攸徂之民，室家相慶，曰：'徯
予後，後來其蘇。'〔二〕民之戴商，厥惟舊哉。〔三〕佑賢輔德，
顯忠遂良。〔四〕兼弱攻昧，取亂侮亡。〔五〕推亡固存，邦乃
其昌。〔六〕德日新，萬邦惟懷。志自滿，九族乃離。〔七〕

　　〔一〕怨者辭也。
　　〔二〕湯所往之民皆喜曰，待我君來，其可蘇息。
　　〔三〕久〔一〕，謂初征自葛時。
　　〔四〕賢則助之，德則輔之，忠則顯之，良則進之，明王之道。
　　〔五〕弱則兼之，闇則攻之，亂則取之，有亡形則侮之，言正義。
　　〔六〕有亡道則推而亡之，有存道則輔而固之。王者如此，國乃
　　　　昌盛。
　　〔七〕日新，不懈怠。自滿，志盈溢。

　　"王懋昭大德，建中于民，以義制事，以禮制心，垂裕
後昆。〔一〕予聞曰：能自得師者王，〔二〕謂人莫己若者亡。〔三〕
好問則裕，自用則小。〔四〕嗚呼，慎厥終，惟其始。〔五〕殖
有禮，覆昏暴。〔六〕欽崇天道，永保天命。"〔七〕

　　〔一〕欲王自勉，明大德，立大中之道於民，率義奉禮，垂優足

─────────────
〔一〕久　"久"，八行本、阮本作"舊"。

之道，示後世。

［二］求賢聖而事之。

［三］自多足，人莫之益，亡之道。

［四］問則有得，所以足。不問專固，所以小。

［五］靡不有初，鮮克有終，故戒慎終如其始。

［六］有禮者封殖之，昏暴者覆亡之。

［七］王者如此上事，則敬天安命之道。

湯誥第三

湯既黜夏命，[一]復歸于亳，作《湯誥》。

[一] 黜，退也。退其王命。

湯誥[一]

王歸自克夏，至于亳，誕告萬方。[二]

王曰："嗟，爾萬方有衆，明聽予一人誥。[三]惟皇上帝，降衷于下民。[四]若有恒性，克綏厥猷惟后。[五]

[一] 以伐桀大義告天下。

[二] 誕，大也。以天命大義告萬方之衆人。

[三] 天子自稱曰予一人，古今同義。

[四] 皇，大[一]。上帝，天也。衷，善也。

[五] 順人有常之性，能安立其道，教則惟爲君之道。

"夏王滅德作威，以敷虐于爾萬方百姓。[一]爾萬方百姓，罹其凶害，弗忍荼毒，[二]並告無辜于上下神祇。[三]天道福善禍淫，降災于夏，以彰厥罪。[四]肆台小子，將天命明威，不敢赦。[五]敢用玄牡，敢昭告于上天神后，請罪有夏。[六]

〔一〕大 "大"，阮本作 "天"。

91

〔一〕夏桀滅道德，作威刑，以布行虐政於天下百官。言殘酷。

〔二〕罹，被。荼毒，苦也。不能堪忍虐之甚。

〔三〕言百姓兆民並告無罪，稱冤訴天地。

〔四〕政善，天福之；淫過，天禍之，故下災異，以明桀罪惡，譴寤之而桀不改。

〔五〕行天威，謂誅之。

〔六〕明告天，問桀百姓有何罪而加虐乎。

“聿求元聖，與之戮力，以與爾有衆請命。〔一〕上天孚佑下民，罪人黜伏。〔二〕天命弗僭，賁若草木，兆民允殖。〔三〕俾予一人，輯寧爾邦家。〔四〕茲朕未知獲戾于上下，〔五〕慄慄危懼，若將隕于深淵。〔六〕

〔一〕聿，遂也。大聖陳力，謂伊尹。放桀，除民之穢，是請命。

〔二〕孚〔一〕，信也。天信佑助下民，桀知其罪，退伏遠屏。

〔三〕僭，差。賁，飾也。言福善禍淫之道不差，天下惡除，煥然咸飾，若草木同華，民信樂生。

〔四〕言天使我輯安汝國家。國，諸侯。家，卿大夫。

〔五〕此伐桀未知得罪於天地，謙以求衆心。

〔六〕慄慄危心，若墜深淵，危懼之甚。

“凡我造邦，無從匪彝，無即慆淫。〔一〕各守爾典，以承天休。〔二〕爾有善，朕弗敢蔽。罪當朕躬，弗敢自赦，惟簡在上帝之心。〔三〕其爾萬方有罪，在予一人；〔四〕予一人

〔一〕孚　“孚”，阮本作“浮”。

有罪，無以爾萬方。^[五]嗚呼，尚克時忱，乃亦有終。"^[六]

[一] 戒諸侯與之更始。彝，常。慆，慢也。無從非常，無就慢
　　　過禁之。

[二] 守其常法，承天美道^{〔一〕}。

[三] 所以不蔽善人，不赦己罪，以其簡在天心故也^{〔二〕}。

[四] 自責化不至。

[五] 無用爾萬方。言非所及。

[六] 忱，誠也。庶幾能是誠道，乃亦有終世之美。

〔一〕 承天美道　"天"，阮本作"大"。

〔二〕 以其簡在天心故也　"也"，八行本無。

明　居

咎單作《明居》。[一]

[一] 咎單，臣名。主土地之官。作《明居》《民法》一篇。亡。

伊訓第四

　　成湯既没，太甲元年，^[一]伊尹作《伊訓》《肆命》《徂后》。^[二]

　　[一] 太甲，太丁子，湯孫也。太丁未立而卒，及湯没而太甲立，
　　　　稱元年。
　　[二] 凡三篇，其二亡。

　　伊訓^[一]
　　惟元祀十有二月乙丑，伊尹祠于先王。^[二]奉嗣王祗見厥祖，^[三]侯、甸群后咸在，^[四]百官總己，以聽冢宰^[一]。^[五]伊尹乃明言烈祖之成德，以訓于王。^[六]

　　[一] 作訓以教道太甲。
　　[二] 此湯崩踰月，太甲即位，奠殯而告。
　　[三] 居位主喪。
　　[四] 在位次。
　　[五] 伊尹制百官，以三公攝冢宰。
　　[六] 湯，有功烈之祖，故稱焉。

　　曰："嗚呼，古有夏先后，方懋厥德，罔有天災。^[一]山川鬼神，亦莫不寧，^[二]暨鳥獸魚鱉咸若。^[三]于其子孫

―――――――――
〔一〕 以聽冢宰 "冢"，底本作 "家"，據八行本改。傳文 "冢" 同。

弗率，皇天降災，假手于我有命，^[四]造攻自鳴條，朕哉自亳。^[五]惟我商王，布昭聖武，代虐以寬，兆民允懷。^[六]今王嗣厥德，罔不在初，^[七]立愛惟親，立敬惟長，始于家邦，終于四海。^[八]

[一]先君謂禹以下、少康以上賢王。言能以德禳災。

[二]莫，無也。言皆安之。

[三]雖微物皆順之，明其餘無不順。

[四]言桀不循其祖道，故天下禍災，借手於我有命商王誅討之。

[五]造、哉，皆始也。始攻桀，伐無道，由我始修德于亳。

[六]言湯布明武德，以寬政代桀虐政，兆民以此皆信懷我商王之德。

[七]言善惡之由，無不在初，欲其慎始。

[八]言立愛敬之道，始於親長，則家國並化，終洽四海。

　　"嗚呼，先王肇修人紀，從諫弗咈，先民時若。^[一]居上克明，^[二]爲下克忠，^[三]與人不求備，檢身若不及，^[四]以至于有萬邦，茲惟艱哉。^[五]敷求哲人，俾輔于爾后嗣，^[六]制官刑，儆于有位。^[七]

[一]言湯始修爲人綱紀，有過則改，從諫如流，必先民之言是順。

[二]言理恕。

[三]事上竭誠。

[四]使人必器之，常如不及，恐有過。

[五]言湯操心常危懼，動而無過，以至爲天子，此自立之難。

〔六〕布求賢智，使師輔於爾嗣王，言仁及後世。

〔七〕言湯制治官刑法，以儆戒百官。

“曰：‘敢有恒舞于宮，酣歌于室，時謂巫風。〔一〕敢有殉于貨色，恒于游畋，時謂淫風。〔二〕敢有侮聖言，逆忠直，遠耆德，比頑童，時謂亂風。〔三〕惟兹三風十愆，卿士有一于身，家必喪。〔四〕邦君有一于身，國必亡。〔五〕臣下不匡，其刑墨，具訓于蒙士。’〔六〕

〔一〕常舞則荒淫。樂酒曰酣，酣歌則廢德。事鬼神曰巫。言無政。

〔二〕殉，求也。昧求財貨美色，常遊戲畋獵，是淫過之風俗。

〔三〕狎侮聖人之言而不行，拒逆忠直之規而不納。耆年有德疏遠之，童稚頑嚚親比之，是荒亂之風俗。

〔四〕有一過，則德義廢，失位亡家之道。

〔五〕諸侯犯此，國亡之道。

〔六〕邦君卿士，則以爭臣自匡正。臣不正君，服墨刑，鑿其額，涅以墨。蒙士，例謂下士。士以爭友僕隸自匡正。

“嗚呼，嗣王祗厥身，念哉。〔一〕聖謨洋洋，嘉言孔彰。〔二〕惟上帝不常，作善降之百祥，作不善降之百殃。〔三〕爾惟德罔小，萬邦惟慶。〔四〕爾惟不德罔大，墜厥宗。”〔五〕

〔一〕言當敬身，念祖德。

〔二〕洋洋，美善。言甚明可法。

〔三〕祥，善也。天之禍福，惟善惡所在，不常在一家。

［四］修德無小，則天下賚慶。

［五］苟爲不德無大，言惡有類，以類相致，必墜失宗廟。此伊
　　　尹至忠之訓。

肆　命

陳天命以戒太甲。亡。

徂 后

陳往古明君以戒。亡。

太甲上第五

太甲既立，不明。^[一]伊尹放諸桐，^[二]三年復歸于亳，思庸。^[三]伊尹作《太甲》三篇。

[一] 不用伊尹之訓，不明居喪之禮。

[二] 湯葬地也。不知朝政，故曰放。

[三] 念常道。

太甲^[一]

惟嗣王不惠于阿衡，^[二]伊尹作書曰："先王顧諟天之明命，以承上下神祇，^[三]社稷宗廟，罔不祇肅。^[四]天監厥德，用集大命，撫綏萬方。^[五]惟尹躬克左右厥辟宅師，^[六]肆嗣王丕承基緒。^[七]惟尹躬先見于西邑夏，自周有終，相亦惟終。^[八]其后嗣王，罔克有終，相亦罔終。^[九]嗣王戒哉。祇爾厥辟，辟不辟，忝厥祖。"^[一〇]

[一] 戒太甲，故以名篇。

[二] 阿，倚。衡，平。言不順伊尹之訓。

[三] 顧謂常目在之。諟，是也。言敬奉天命，以承順天地。

[四] 肅，嚴也。言能嚴敬鬼神而遠之。

[五] 監，視也。天視湯德，集王命於其身，撫安天下。

[六] 伊尹言能助其君，居業天下之衆。

[七] 肆，故也。言先祖勤德，致有天下，故子孫得大承基業，宜念祖修德。

〔八〕周，忠信也。言身先見夏君臣用忠信有終。夏都在亳西。

〔九〕言桀君臣滅先人之道德，不能終其業，以取亡。

〔一〇〕以不終爲戒慎之至，敬其君道，則能終。忝，辱也。爲
　　　　君不君，則辱其祖。

王惟庸，罔念聞。〔一〕伊尹乃言曰："先王昧爽丕顯，
坐以待旦。〔二〕旁求俊彦，啓迪後人，〔三〕無越厥命以自覆。〔四〕
慎乃儉德，惟懷永圖。〔五〕若虞機張，往省括于度，則
釋。〔六〕欽厥止，率乃祖攸行，〔七〕惟朕以懌，萬世有辭。"〔八〕

〔一〕言太甲守常不改，無念聞伊尹之戒。

〔二〕爽、顯，皆明也。言先王昧明，思大明其德，坐以待旦而
　　　行之。

〔三〕旁，非一方。美士曰彦。開道後人，言訓戒。

〔四〕越，墜失也。無失亡祖命，而不勤德，以自顚覆。

〔五〕言當以儉爲德，思長世之謀。

〔六〕機，弩牙也。虞，度也。度機，機有度以準望。言修德夙
　　　夜思之，明旦行之，如射先省矢括于度，釋則中。

〔七〕止謂行所安止。君止於仁，子止於孝。

〔八〕言能循汝祖所行，則我喜悦，王亦見歎美無窮。

王未克變。〔一〕伊尹曰："茲乃不義，習與性成。〔二〕予
弗狎于弗順，營于桐宮，密邇先王其訓，無俾世迷。"〔三〕
王徂桐宮，居憂，〔四〕克終允德。〔五〕

〔一〕未能變，不用訓。太甲性輕脫，伊尹至忠，所以不已。

［二］言習行不義，將成其性。

［三］狎，近也。經營桐墓，立宮，令太甲居之。近先王，則訓
　　　於義，無成其過，不使世人迷惑怪之。

［四］往入桐宮，居憂位。

［五］言能思念其祖，終其信德。

太甲中第六

惟三祀十有二月朔，^[一]伊尹以冕服奉嗣王歸于亳，^[二]作書曰："民非后，罔克胥匡以生。^[三]后非民，罔以辟四方。^[四]皇天眷佑<u>有商</u>，俾嗣王克終厥德，實萬世無疆之休。"^[五]

[一]<u>湯</u>以元年十一月崩，至此二十六月，三年服闋。

[二]冕，冠也。踰月即吉服。

[三]無能相匡，故須君以生。

[四]須民以君四方。

[五]言王能終其德，乃天之顧佑<u>商</u>家，是<u>商</u>家萬世無窮之美。

王拜手稽首，曰："予小子不明于德，自厎不類。^[一]欲敗度，縱敗禮，以速戾于厥躬。^[二]天作孽，猶可違；自作孽，不可逭。^[三]既往背師保之訓，弗克于厥初，尚賴匡救之德，圖惟厥終。"^[四]

[一]君而稽首於臣，謝前過。類，善也。闇於德，故自致不善。

[二]速，召也。言己放縱情欲，毀敗禮儀法度，以召罪於其身。

[三]孽，災。逭，逃也。言天災可避，自作災不可逃。

[四]言己已往之前不能修德於其初，今庶幾賴教訓之德，謀終於善。悔過之辭。

<u>伊尹</u>拜手稽首，^[一]曰："修厥身，允德協于下，惟明

后。^[二]先王子惠困窮，民服厥命，罔有不悦。^[三]並其有邦，厥鄰乃曰：'徯我后，后來無罰。'^[四]王懋乃德，視乃厥祖，無時豫怠。^[五]奉先思孝，接下思恭，^[六]視遠惟明，聽德惟聰。^[七]朕承王之休無斁。"^[八]

［一］拜手，首至手。

［二］言修其身，使信德合於群下，惟乃明君。

［三］言湯子愛困窮之人，使皆得其所，故民心服其教令，無有不忻喜。

［四］湯俱與鄰並有國，鄰國人乃曰，待我君來，言忻戴。君來無罰，言仁惠。

［五］言當勉修其德，法視其祖而行之，無爲是逸豫怠惰。

［六］以念祖德爲孝，以不驕慢爲恭。

［七］言當以明視遠，以聰聽德。

［八］王所行如此，則我承王之美無厭^[一]。

〔一〕則我承王之美無厭　"美"，阮本作"炎"。"厭"，阮本作"斁"。

太甲下第七

伊尹申誥于王，曰："嗚呼，惟天無親，克敬惟親。[一]民罔常懷，懷于有仁。[二]鬼神無常享，享于克誠。[三]天位艱哉，[四]德惟治，否德亂。[五]與治同道，罔不興。與亂同事，罔不亡。[六]

[一] 言天於人無有親疏，惟親能敬身者。

[二] 民所歸無常，以仁政爲常。

[三] 言鬼神不保一人，能誠信者則享其祀。

[四] 言居天子之位難，以此三者。

[五] 爲政以德則治，不以德則亂。

[六] 言安危在所任，治亂在所法。

"終始慎厥與，惟明明后。[一]先王惟時懋敬厥德，克配上帝。[二]今王嗣有令緒，尚監茲哉。[三]若升高，必自下；若陟遐，必自邇。[四]無輕民事，惟艱。[五]無安厥位，惟危。[六]慎終于始。[七]

[一] 明慎其所與治亂之機，則爲明王明君。

[二] 言湯惟是終始所與之難，勉修其德，能配天而行之。

[三] 令，善也。繼祖善業，當夙夜庶幾視祖。此配天之德而法之。

[四] 言善政有漸，如登高升遠，必用下近爲始，然後終致高遠。

[五] 無輕爲力役之事，必重難之乃可。

106

〔六〕言當常自危懼，以保其位。

〔七〕於始慮終，於終思始。

　　“有言逆于汝心，必求諸道。^{〔一〕}有言遜于汝志，必求諸非道。^{〔二〕}嗚呼，弗慮胡獲，弗爲胡成。一人元良，萬邦以貞。^{〔三〕}君罔以辯言亂舊政，^{〔四〕}臣罔以寵利居成功，^{〔五〕}邦其永孚于休。”^{〔六〕}

〔一〕人以言咈違汝心，必以道義求其意，勿拒逆之。

〔二〕遜，順也。言順汝心，必以非道察之，勿以自臧。

〔三〕胡，何。貞，正也。言常念慮道德則得道德，念爲善政則成善政。一人，天子。天子有大善，則天下得其正。

〔四〕利口覆國家，故特慎焉。

〔五〕成功不退，其志無限，故爲之極以安之。

〔六〕言君臣各以其道，則國長信保於美。

107

〔六〕言當常自危懼，以保其位。

〔七〕於始慮終，於終思始。

　　“有言逆于汝心，必求諸道。[一]有言遜于汝志，必求諸非道。[二]嗚呼，弗慮胡獲，弗爲胡成。一人元良，萬邦以貞。[三]君罔以辯言亂舊政，[四]臣罔以寵利居成功，[五]邦其永孚于休。”[六]

[一]人以言咈違汝心，必以道義求其意，勿拒逆之。

[二]遜，順也。言順汝心，必以非道察之，勿以自臧。

[三]胡，何。貞，正也。言常念慮道德則得道德，念爲善政則成善政。一人，天子。天子有大善，則天下得其正。

[四]利口覆國家，故特慎焉。

[五]成功不退，其志無限，故爲之極以安之。

[六]言君臣各以其道，則國長信保於美。

107

咸有一德第八

伊尹作《咸有一德》。^[一]

[一] 言君臣皆有純一之德，以戒太甲。

咸有一德^[一]

伊尹既復政厥辟，^[二]將告歸，乃陳戒于德，^[三]曰：“嗚呼，天難諶，命靡常。^[四]常厥德，保厥位。厥德匪常，九有以亡。^[五]

[一] 即政之後，恐其不一，故以戒之。

[二] 還政太甲。

[三] 告老歸邑，陳德以戒。

[四] 以其無常，故難信。

[五] 人能常其德，則安其位。九有，諸侯。桀不能常其德，湯伐而兼之。

“夏王弗克庸德，慢神虐民。^[一]皇天弗保，監于萬方，啓迪有命。^[二]眷求一德，俾作神主。^[三]惟尹躬暨湯，咸有一德，克享天心，受天明命。^[四]以有九有之師，爰革夏正。^[五]

[一] 言桀不能常其德，不敬神明，不恤下民。

[二] 言天不安桀所爲，廣視萬方，有天命者，開道之。

［三］天求一德，使伐桀〔一〕，爲天地神祇之主。

［四］享，當也。所征無敵，謂之受天命。

［五］爰，於也。於得九有之眾，遂伐夏，勝之，改其正。

“非天私我有商，惟天佑于一德。〔一〕非商求于下民，惟民歸于一德。〔二〕德惟一，動罔不吉。德二三，動罔不凶。〔三〕惟吉凶不僭在人，惟天降災祥在德。〔四〕今嗣王新服厥命，惟新厥德。〔五〕終始惟一，時乃日新。〔六〕

［一］非天私商而王之，佑助一德，所以王。

［二］非商以力求民，民自歸於一德。

［三］二三，言不一。

［四］行善則吉，行惡則凶，是不差。德一，天降之善。不一，天降之災。是在德。

［五］其命，王命。新其德，戒勿怠。

［六］言德行終始不衰殺，是乃日新之義。

“任官惟賢材，左右惟其人。〔一〕臣爲上爲德，爲下爲民。〔二〕其難其慎，惟和惟一。〔三〕德無常師，主善爲師。〔四〕善無常主，協于克一。〔五〕俾萬姓咸曰：‘大哉王言。’〔六〕又曰：‘一哉王心。’〔七〕克綏先王之祿，永底烝民之生。〔八〕

〔一〕使伐桀　“伐”，底本原作“代”，八行本、阮本作“伐”，據改。

〔一〕官賢才而任之，非賢才不可任〔一〕。選左右必忠良，不忠良非其人。

〔二〕言臣奉上布德〔二〕，順下訓民，不可官所私，任非其人。

〔三〕其難無以爲易，其愼無以輕之。群臣當和，一心以事君，政乃善。

〔四〕德非一方，以善爲主，乃可師。

〔五〕言以合於能一爲常德。

〔六〕一德之言，故曰大。

〔七〕能一德，則一心〔三〕。

〔八〕言爲王而令萬姓如此，則能保安先王之寵祿，長致衆民，所以自生之道，是明王之事。

　　“嗚呼，七世之廟，可以觀德。〔一〕萬夫之長，可以觀政。〔二〕后非民罔使，民非后罔事。〔三〕無自廣以狹人，匹夫匹婦，不獲自盡，民主罔與成厥功。”〔四〕

〔一〕天子立七廟，有德之王則爲祖宗，其廟不毀，故可觀德。

〔二〕能整齊萬夫，其政可知。

〔三〕君以使民自尊，民以事君自生。

〔四〕上有狹人之心，則下無所自盡矣。言先盡其心，然後乃能盡其力，人君所以成功。

〔一〕非賢才不可任　“非”，底本作“者”，據八行本、阮本改。“才”，阮本作“材”。

〔二〕言臣奉上布德　“布”，底本作“在”，據八行本、阮本改。

〔三〕則一心　“一”，底本脫，據八行本、阮本補。

沃　丁

　　沃丁既葬伊尹于亳，^[一]咎單遂訓伊尹事，^[二]作
《沃丁》。^[三]

　　[一] 沃丁，太甲子。伊尹既致仕老終，以三公禮葬。
　　[二] 訓暢其所行功德之事。
　　[三] 咎單，忠臣名。作此篇以戒也。亡。

咸 乂

伊陟相太戊^{〔一〕},^{〔一〕}亳有祥,桑穀共生于朝,^{〔二〕}伊
陟贊于巫咸,作《咸乂》四篇。^{〔三〕}

〔一〕伊陟,伊尹子。太戊,沃丁弟之子。

〔二〕祥,妖怪。二木合生,七日大拱,不恭之罰。

〔三〕贊,告也。巫咸,臣名。皆亡。

伊陟 原命

太戊赞于伊陟，[一]作《伊陟》《原命》。[二]

[一] 告以改过自新。

[二] 原，臣名。《原命》《伊陟》二篇皆亡。

仲　丁

仲丁遷于嚚，[一]作《仲丁》。[二]

[一] 太戊子，去亳。嚚，地名。
[二] 陳遷都之義。亡。

河　亶　甲

河亶甲居相，^[一]作《河亶甲》。^[二]

［一］仲丁弟。相，地名，在河北。
［二］亡。

祖 乙

祖乙圯于耿，^[一]作《祖乙》。^[二]

［一］亶甲子。圯於相，遷於耿。河水所毀曰圯。
［二］亡。

尚書卷第五　商書

尚書卷第五　商書

孔　氏　傳

盤庚上第九

盤庚五遷，將治亳殷，[一]民咨胥怨，[二]作《盤庚》三篇。

[一]自湯至盤庚，凡五遷都。盤庚治亳殷。

[二]胥，相也。民不欲徙，乃咨嗟憂愁，相與怨上。

盤庚[一]
盤庚遷于殷，[二]民不適有居，[三]率籲衆慼，出矢言。[四]

[一]盤庚，殷王名。殷質以名篇。

[二]亳之別名。

[三]適，之也。不欲之殷，有邑居。

[四]籲，和也。率和衆憂之人，出正直之言。

曰：“我王來，即爰宅于茲。[一]重我民，無盡劉。[二]不能胥匡以生，卜稽曰：‘其如台。’[三]先王有服，恪謹天命，茲猶不常寧。[四]不常厥邑，于今五邦。[五]今不承于古，罔知天之斷命，[六]矧曰其克從先王之烈，[七]若顛木

之有由蘗，^{〔八〕}天其永我命于茲新邑，^{〔九〕}紹復先王之大業，
厎綏四方。"^{〔一〇〕}

[一] 我王祖乙此耿^{〔一〕}。爰，於也。言祖乙已居於此。

[二] 劉，殺也。所以遷此，重我民，無欲盡殺故。

[三] 言民不能相匡以生，則當卜考於龜以從^{〔二〕}，曰其如我所行。

[四] 先王有所服行，敬謹天命，如此尚不常安，有可遷輒遷。

[五] 湯遷亳，仲丁遷囂，河亶甲居相，祖乙居耿，我往居亳。
凡五徙國都。

[六] 今不承古而徙，是無知天將斷絕汝命。

[七] 天將絕命，尚無知之，況能從先王之業乎。

[八] 言今往遷都，更求昌盛，如顛仆之木，有用生蘗哉。

[九] 言天其長我命於此新邑，不可不徙。

[一〇] 言我徙欲如此。

盤庚斅于民，由乃在位，以常舊服，正法度。^{〔一〕}曰：
"無或敢伏小人之攸箴。"^{〔二〕}王命衆悉至于庭。^{〔三〕}

[一] 斅，教也。教人使用汝在位之命，用常故事，正其法度。

[二] 言無有敢伏絕小人之所欲箴規上者，戒朝臣。

[三] 衆，群臣以下。

王若曰："格汝衆，予告汝訓。^{〔一〕}汝猷黜乃心，無傲

〔一〕 我王祖乙此耿 "此"，阮本作"居"，當作"居"。

〔二〕 則當卜考於龜以徙 "考"，阮本作"稽"。

從康。^[二]古我先王，亦惟圖任舊人共政。^[三]王播告之修，不匿厥指。^[四]王用丕欽，罔有逸言，民用丕變。^[五]今汝聒聒，起信險膚，予弗知乃所訟。^[六]非予自荒茲德，惟汝含德，不惕予一人。予若觀火，^[七]予亦拙謀，作乃逸。^[八]若網在綱，有條而不紊。若農服田力穡，乃亦有秋。^[九]

[一] 告汝以法教。

[二] 謀退汝違上之心，無傲慢，從心所安。

[三] 先王謀任久老成人，共治其政。

[四] 王布告人以所修之政，不匿其指。

[五] 王用大敬其政教，無有逸豫之言，民用大變從化。

[六] 聒聒，無知之貌。起信險爲膚受之言，我不知汝所訟言何謂。

[七] 我之欲徙，非廢此德。汝不從我命，所含惡德，但不畏懼我耳。我視汝情如視火。

[八] 逸，過也。我不威脅汝徙，是我拙謀，成汝過。

[九] 紊，亂也。穡，耕稼也。下之順上，當如網在綱，各有條理而不亂也。農勤穡則有秋，下承上則有福^{〔一〕}。

"汝克黜乃心，施實德于民，至于婚友，丕乃敢大言，汝有積德。^[一]乃不畏戎毒于遠邇，惰農自安，不昏作勞，不服田畝，越其罔有黍稷。^[二]汝不和吉言于百姓，惟汝自生毒。^[三]乃敗禍姦宄，以自災于厥身。^[四]乃既先惡于民，乃奉其恫，汝悔身何及。^[五]相時憸民，猶胥顧于箴言，其

〔一〕 下承上則有福 "福"，底本作"秋"，八行本、阮本作"福"，據改。

發有逸口，矧予制乃短長之命。^[六]汝曷弗告朕，而胥動以浮言，恐沈于衆。^[七]若火之燎于原，不可嚮邇，其猶可撲滅。^[八]則惟汝衆自作弗靖，非予有咎。^[九]

[一] 汝群臣能退汝違叔之心^[一]，施實德於民^[二]，至于婚姻僚友，則我大乃敢言汝有積德之臣。

[二] 戎，大。昏，強。越，於也。言不欲徙，則是不畏大毒於遠近，如怠惰之農，苟自安逸，不強作勞於田畝，則黍稷無所有。

[三] 責公卿不能和喻百官，是自生毒害。

[四] 言汝不相率共徙，是爲敗禍姦宄以自災之道。

[五] 群臣不欲徙，是先惡於民。恫，痛也。不徙則禍毒在汝身，徙奉持所痛而悔之，則於身無所及。

[六] 言憸利小民尚相顧於箴誨，恐其發動有過口之患，況我制汝死生之命，而汝不相教從我，是不若小民。

[七] 曷，何也。責其不以情告上^[三]，而相恐動以浮言^[四]，不徙恐汝沈溺於衆，有禍害。

[八] 火炎不可嚮近，尚可撲滅。浮言不可信用，尚可得刑戮之^[五]。

[九] 我刑戮汝，非我咎也。靖，謀也。是汝自爲，非謀所致。

〔一〕 汝群臣能退汝違叔之心 “汝違叔”，八行本作“汝違上”，阮本作“去傲上”。

〔二〕 施實德於民 “施”，底本作“柂”，八行本、阮本作“施”，據改。

〔三〕 責其不以情告上 “以情”，阮本作“請”。

〔四〕 而相恐動以浮言 “動”，阮本作“欲”。

〔五〕 尚可得刑戮之 “刑戮”，阮本作“得遏”。

　　“遲任有言曰：‘人惟求舊，器非求舊，惟新。’[一] 古我先王暨乃祖乃父，胥及逸勤，予敢動用非罰。[二] 世選爾勞，予不掩爾善。[三] 兹予大享于先王，爾祖其從與享之。[四] 作福作災，予亦不敢動用非德。[五] 予告汝于難，若射之有志。[六] 汝無侮老成人，無弱孤有幼。[七] 各長于厥居，勉出乃力，聽予一人之作猷。[八] 無有遠邇，用罪伐厥死，用德彰厥善。[九]

　[一] 遲任，古賢。言人貴舊，器貴新，汝不徙，是不貴舊。

　[二] 言古之君臣相與同勞逸，子孫所宜法之，我豈敢動用非常之罰脅汝乎。

　[三] 選，數也。言我世世數汝功勤[一]，不掩蔽汝善，是我忠於汝。

　[四] 古者天子錄功臣，配食於廟。大享，烝嘗也[二]。所以不掩汝善。

　[五] 善自作福，惡自作災。我不敢動用非罰加汝，非德賞汝乎，從汝善惡而報之。

　[六] 告汝行事之難，當如射之有所準，志必中所志乃善。

　[七] 不用老成人之言，是侮慢之[三]。不徙則孤幼受害，是弱易之。

　[八] 盤庚勑臣下，各思長於其居，勉盡心出力，聽從遷徙之謀。

　[九] 言遠近待之如一，罪以懲之，使勿犯，伐去其死道。德以明之，使勸慕競爲善。

〔一〕 言我世世數汝功勤　“數”，阮本作“選”。

〔二〕 烝嘗也　“嘗”，阮本作“享”。

〔三〕 是侮慢之　“慢”，八行本、阮本作“老”。

"邦之臧，惟汝衆。[一]邦之不臧，惟予一人有佚罰。[二]凡爾衆，其惟致告：[三]自今至于後日，各恭爾事，齊乃位，度乃口。[四]罰及爾身，弗可悔。"[五]

[一]有善則衆臣之功。

[二]佚，失也。是己失政之罰，罪己之義。

[三]致我誠告汝衆。

[四]奉其職事，正齊其位。以法度居汝口，勿浮言。

[五]不從我謀，罰及汝身，雖悔可及乎。

盤庚中第十

　　盤庚作，惟涉河以民遷，^{〔一〕}乃話民之弗率，誕告用亶其有眾，^{〔二〕}咸造勿褻在王庭。^{〔三〕}盤庚乃登進厥民。^{〔四〕}

　　〔一〕爲此南渡河之法用民徙。

　　〔二〕話，善言。民不循教，發善言大告，用誠於眾。

　　〔三〕造，至也。眾皆至王庭，無褻慢。

　　〔四〕升進，命使前。

　　曰："明聽朕言，無荒失朕命。^{〔一〕}嗚呼，古我前后，罔不惟民之承，^{〔二〕}保后胥戚，鮮以不浮于天時。^{〔三〕}殷降大虐，先王不懷。^{〔四〕}厥攸作視，民利用遷，^{〔五〕}汝曷弗念我古后之聞。^{〔六〕}承汝俾汝，惟喜康共，非汝有咎^{〔一〕}，比于罰。^{〔七〕}予若籲懷茲新邑，亦惟汝，故以丕從厥志。^{〔八〕}

　　〔一〕荒，廢。

　　〔二〕言我先世賢君，無不承安民而恤之。

　　〔三〕民亦安君之政，相與憂行君令。浮，行也。少以不行於天時者，言皆行天時。

　　〔四〕我殷家於天降大災，則先王不思故居而行徙。

　　〔五〕其所爲，視民有利，則用徙。

―――――――

〔一〕非汝有咎　"咎"，八行本作"各"。

125

［六］古后先王之聞〔一〕，謂遷事。

［七］今我法先王，惟民之承，故承汝，使汝徙。惟與汝共喜安，非謂汝有惡徙汝，令比近於殃罰。

［八］言我順和懷此新邑，欲利汝衆，故大從其志而徙之。

"今予將試以汝遷，安定厥邦。〔一〕汝不憂朕心之攸困，〔二〕乃咸大不宣乃心，欽念以忱，動予一人。〔三〕爾惟自鞠自苦，〔四〕若乘舟，汝弗濟，臭厥載。〔五〕爾忱不屬，惟胥以沈。不其或稽，自怒曷瘳。〔六〕汝不謀長，以思乃災，汝誕勸憂。〔七〕今其有今罔後，汝何生在上。〔八〕

［一］試，用。

［二］所困不順上命。

［三］汝皆大不布腹心，敬念以誠感動我，是汝不盡忠。

［四］鞠，窮也。言汝爲臣不忠，自取窮苦。

［五］言不徙之害，如舟在水中流不渡，臭敗其所載物。

［六］汝忠誠不屬逮古，苟不欲徙，相與沈溺，不考之先王，禍至自怒，何瘳差乎。

［七］汝不謀長久之計，思汝不徙之災，苟不欲徙，是大勸憂之道。

［八］言不徙無後計，汝何得久生在人上，禍將及汝。

"今予命汝一，無起穢以自臭，〔一〕恐人倚乃身，迂乃心。〔二〕予迓續乃命于天，予豈汝威，用奉畜汝衆。〔三〕

――――

〔一〕 古后先王之聞 "后"，八行本作"君"。

［一］我一心命汝，汝違我，是自臭敗。

［二］言汝既不欲徙，又爲他人所誤。倚，曲。迂，僻。

［三］迂，迎也。言我徙，欲迎續汝命于天，豈以威脅汝乎，用
　　　奉畜養汝衆。

"予念我先神后之勞爾先，予丕克羞爾，用懷爾然。[一]
失于政，陳于兹，高后丕乃崇降罪疾，曰：'曷虐朕
民。'[二]汝萬民乃不生生，暨予一人猷同心。[三]先后丕降
與汝罪疾[一]，曰：'曷不暨朕幼孫有比。'[四]故有爽德，自
上其罰汝，汝罔能迪。[五]古我先后，既勞乃祖乃父，[六]
汝共作我畜民，汝有戕則在乃心。[七]我先后綏乃祖乃父，
乃祖乃父乃斷棄汝，不救乃死。[八]

［一］言我亦法湯大能進勞汝，以義懷汝心，而汝違我，是汝反
　　　先人。

［二］崇，重也。今既失政，而陳久於此而不徙，湯必大重下罪
　　　疾於我，曰"何爲虐我民而不徙乎"？

［三］不進進謀同心徙。

［四］言非但罪我，亦將罪汝。幼孫，盤庚自謂。比，同心。

［五］湯有明德在天，見汝情，下罰汝，汝無能道。言無辭。

［六］勞之共治人。

［七］戕，殘也。汝共我治民，有殘人之心，而不欲徙，是反父
　　　祖之行。

［八］言我先王安汝父祖之忠，今汝不忠，汝父祖必斷絕棄汝命，

〔一〕　先后丕降與汝罪疾　"汝"，底本作"女"，據八行本、阮本改。

127

不救汝死。

　　"兹予有亂政同位，具乃貝玉，[一] 乃祖乃父，丕乃告我高后曰：'作丕刑于朕孫。'[二] 迪高后，丕乃崇降弗祥。[三]

　　[一] 亂，治也。此我有治政之臣，同位於父祖，不念盡忠，但
　　　　念貝玉而已。言其貪。
　　[二] 言汝父祖見汝貪而不忠，必大乃告湯曰，作大刑於我子孫，
　　　　求討不忠之罪。
　　[三] 言汝父祖開道湯，大重下不善以罰汝，陳忠孝之義以督之。

　　"嗚呼，今予告汝不易，[一] 永敬大恤，無胥絕遠。[二] 汝分猷念以相從，各設中于乃心。[三] 乃有不吉不迪，[四] 顛越不恭，暫遇姦宄。[五] 我乃劓殄滅之，無遺育，無俾易種于兹新邑。[六] 往哉，生生。今予將試以汝遷，永建乃家。"[七]

　　[一] 凡所言，皆不易之事。
　　[二] 長敬我言，大憂行之，無相與絕遠棄廢之。
　　[三] 群臣當分明相與謀念，和以相從，各設中正於汝心。
　　[四] 不善不道，謂凶人[一]。
　　[五] 顛，隕。越，墜也。不恭，不奉上命。暫遇人而劫奪之，
　　　　爲姦於外，爲宄於內。

―――――
〔一〕謂凶人 "謂"，八行本作 "爲"。

128

〔六〕劓，割。育，長也。言不吉之人，當割絶滅之，無遺長其
　　類，無使易種，於此新邑。

〔七〕自今已往〔一〕，進進於善，我用以汝徙，長立汝家。卿大夫
　　稱家。

〔一〕自今已往　“已”，阮本作“以”。

盤庚下第十一

盤庚既遷，奠厥攸居，乃正厥位，[一] 綏爰有衆。曰：
"無戲怠，懋建大命。[二] 今予其敷心腹腎腸，歷告爾百姓
于朕志。[三] 罔罪爾衆，爾無共怒，協比讒言予一人。[四]

[一] 定其所居，正郊廟朝社之位。
[二] 安於有衆，戒無戲怠，勉立大教。
[三] 布心腹，言輸誠於百官以告志。
[四] 群臣前有此過，故禁其後，今我不罪汝，汝勿共怒我，合
　　比凶人而妄言。

"古我先王，將多于前功，[一] 適于山，用降我凶德，
嘉績于朕邦。[二] 今我民用蕩析離居，罔有定極。[三]

[一] 言以遷徙多大前人之功美。
[二] 徙必依山之險，無城郭之勞，下去凶惡之德，立善功於
　　我國。
[三] 水泉沈溺，故蕩析離居，無安定之極，徙以爲之極。

"爾謂朕，曷震動萬民以遷。[一] 肆上帝將復我高祖
之德，亂越我家。[二] 朕及篤敬，恭承民命，用永地于新
邑，[三] 肆予沖人，非廢厥謀，弔由靈。[四] 各非敢違卜，
用宏茲賁。[五]

130

〔一〕言皆不明己本心。

〔二〕以徙故天將復湯德，治理於我家。

〔三〕言我當與厚敬之臣，奉承民命，用長居新邑。

〔四〕沖，童。童人，謙也。弔，至。靈，善也。非廢，謂動謀
於衆，至用其善。

〔五〕宏、賁，皆大也。君臣用謀，不敢違卜〔一〕，用大此遷都
大業。

“嗚呼，邦伯師長，百執事之人，尚皆隱哉。〔一〕予其懋
簡相爾，念敬我衆。〔二〕朕不肩好貨，敢恭生生。鞠人謀人
之保居，叙欽。〔三〕今我既羞告爾于朕志，若否罔有弗欽。〔四〕
無總于貨寶，生生自庸，〔五〕式敷民德，永肩一心。”〔六〕

〔一〕國伯，二伯及州牧也。衆長，公卿也。言當庶幾相隱括，
共爲善政。

〔二〕簡，大。相，助也。勉大助汝，念敬我衆民。

〔三〕肩，任也。我不任貪貨之人，敢奉用進進於善者。人之窮
困，能謀安其居者，則我式序而敬之。

〔四〕已進告汝之後，順於汝心與否，當以情告我，無敢有不敬。

〔五〕無總貨寶以求位，當進進皆自用功德。

〔六〕用布示民，必以德義，長任一心以事君。

説命上第十二

高宗夢得説，^{〔一〕}使百工營求諸野，得諸傅巖，^{〔二〕}作《説命》三篇。^{〔三〕}

[一] 盤庚弟小乙子名武丁，德高可尊，故號高宗。夢得賢相，其名曰説。

[二] 使百官以所夢之形象經營求之於外野^{〔一〕}，得之於傅巖之谿。

[三] 命説爲相，使攝政。

説命^{〔一〕}

王宅憂，亮陰三祀。^{〔二〕}既免喪，其惟弗言。^{〔三〕}群臣咸諫于王曰："嗚呼，知之曰明哲，明哲實作則。^{〔四〕}天子惟君萬邦，百官承式，^{〔五〕}王言惟作命，不言臣下罔攸禀令。"^{〔六〕}王庸作書以誥曰："以台正于四方，台恐德弗類，茲故弗言。^{〔七〕}恭默思道，夢帝賚予良弼，其代予言。"^{〔八〕}乃審厥象，俾以形旁求于天下，^{〔九〕}説築傅巖之野，惟肖。^{〔一〇〕}

[一] 始求得而命之。

[二] 陰，默也。居憂，信默三年不言。

[三] 除喪，猶不言政。

[四] 知事則爲明智，明智則能制作法則。

〔一〕使百官……於外野　"形"，八行本作"刑"。"營"，阮本無。"外"，阮本無。

132

〔五〕天下待令，百官仰法。

〔六〕禀，受。令，亦命也。

〔七〕用臣下怪之，故作誥。類，善也。我正四方，恐德不善，此故不言。

〔八〕夢天與我輔弼良佐，將代我言政教。

〔九〕審所夢之人，刻其形象，以四方旁求之於民間。

〔一〇〕傅氏之巖，在虞、虢之界，通道所經，有澗水壞道，常使胥靡刑人築護此道〔一〕。説賢而隱，代胥靡築之以供食。肖，似，似所夢之形。

爰立作相，王置諸其左右，〔一〕命之曰：“朝夕納誨，以輔台德。〔二〕若金，用汝作礪。〔三〕若濟巨川，用汝作舟楫。〔四〕若歲大旱，用汝作霖雨。〔五〕啓乃心，沃朕心。若藥弗瞑眩，厥疾弗瘳。〔六〕若跣弗視地，厥足用傷。〔七〕惟暨乃僚，罔不同心，以匡乃辟。〔八〕俾率先王，迪我高后，以康兆民。〔九〕

〔一〕於是禮命立以爲相，使在左右。

〔二〕言當納諫誨直辭，以輔我德。

〔三〕鐵須礪，以成利器。

〔四〕渡大水，待舟楫。

〔五〕霖，三日雨。霖以救旱。

〔六〕開汝心以沃我心，如服藥必瞑眩極，其病乃除，欲其出切言以自警。

〔一〕常使胥靡刑人築護此道　“刑”，八行本作“形”。

〔七〕跣必視地，足乃無害。言欲使爲己視聽。

〔八〕與汝並官，皆當倡率，無不同心以匡正汝君。

〔九〕言匡正汝君，使循先王之道，蹈成湯之蹤，以安天下。

"嗚呼，欽予時命，其惟有終。"〔一〕説復于王曰："惟木從繩則正，后從諫則聖。〔二〕后克聖，臣不命其承，〔三〕疇敢不祇若王之休命。"〔四〕

〔一〕敬我是命，修其職，使有終。

〔二〕言木以繩直，君以諫明。

〔三〕君能受諫，則臣不待命，其承意而諫之。

〔四〕言王如此，誰敢不敬順王之美命而諫者乎。

説命中第十三

惟<u>説</u>命總百官，^[一]乃進于王曰："嗚呼，明王奉若天道，建邦設都，^[二]樹后王君公，承以大夫師長。^[三]不惟逸豫，惟以亂民。^[四]惟天聰明，惟聖時憲，惟臣欽若，惟民從乂。^[五]惟口起羞，惟甲胄起戎。^[六]惟衣裳在笥，惟干戈省厥躬。^[七]王惟戒茲，允茲克明，乃罔不休。^[八]

[一] 在冢宰之任。

[二] 天有日月、北斗五星、二十八宿，皆有尊卑相正之法，言明王奉順此道，以立國設都。

[三] 言立君臣上下，將陳爲治之本，故先舉其始。

[四] 不使有位者逸豫民上，言立之主使治民。

[五] 憲，法也。言聖王法天以立教，臣敬順而奉之，民以從上爲治。

[六] 甲，鎧。胄，兜鍪也。言不可輕教令，易用兵。

[七] 言服不可加非其人，兵不可任非其才。

[八] 言王戒慎此四惟之事，信能明政，乃無不美。

"惟治亂在庶官，^[一]官不及私昵，惟其能。^[二]爵罔及惡，德惟其賢。^[三]慮善以動，動惟厥時。^[四]有其善，喪厥善。矜其能，喪厥功。^[五]惟事事乃其有備，有備無患。^[六]無啓寵納侮，^[七]無恥過作非。^[八]惟厥攸居，政事惟醇。^[九]黷于祭祀，時謂弗欽。禮煩則亂，事神則難。"^[一〇]

〔一〕言所官得人則治，失人則亂。

〔二〕不加私昵，惟能是官。

〔三〕言非賢不爵。

〔四〕非善非時不可動。

〔五〕雖天子亦必讓以得之。

〔六〕事事，非一事。

〔七〕開寵非其人，則納侮之道。

〔八〕恥過誤而文之，遂成大非。

〔九〕其所居行皆如所言，則王之政事醇粹。

〔一〇〕祭不欲數，數則黷，黷則不敬。事神禮煩，則亂而難行。高宗之祀特豐數近廟，故説因以戒之。

王曰："旨哉，説，乃言惟服，〔一〕乃不良于言，予罔聞于行。"〔二〕説拜稽首，曰："非知之艱，行之惟艱。〔三〕王忱不艱，允協于先王成德，〔四〕惟説不言，有厥咎。"〔五〕

〔一〕旨，美也。美其所言，皆可服行。

〔二〕汝若不善於所言，則我無聞於所行之事。

〔三〕言知之易，行之難。以勉高宗。

〔四〕王心誠不以行之爲艱〔一〕，則信合於先王成德。

〔五〕王能行善，而説不言，則有其咎罪。

〔一〕 王心誠不以行之爲艱 "艱"，八行本、阮本作"難"。

説命下第十四

王曰："來，汝説。台小子舊學于甘盤，^[一]既乃遁于荒野，入宅于河。^[二]自河徂亳，暨厥終罔顯。^[三]爾惟訓于朕志，^[四]若作酒醴，爾惟麴糵；^[五]若作和羹，爾惟鹽梅。^[六]爾交修予，罔予棄，予惟克邁乃訓。"^[七]

[一] 學先王之道。甘盤，殷賢臣有道德者。

[二] 既學而中廢業，避居田野。河，洲也。其父欲使高宗知民之艱苦，故使居民間。

[三] 自河往居亳，與今其終，故遂無顯明之德。

[四] 言汝當教訓於我，使我志通達。

[五] 酒醴須麴糵以成，亦言我須汝以成。

[六] 鹽鹹，梅醋。羹須鹹醋以和之。

[七] 交非一之義。邁，行也。言我能行汝教。

說曰："王，人求多聞，時惟建事，學于古訓乃有獲。^[一]事不師古，以克永世，匪說攸聞。^[二]惟學遜志，務時敏，厥修乃來。^[三]允懷于兹，道積于厥躬。^[四]惟敩學半，念終始典于學，厥德修罔覺。^[五]監于先王成憲，其永無愆。^[六]惟說式克欽承，旁招俊乂，列于庶位。"^[七]

[一] 王者求多聞以立事^{〔一〕}，學於古訓乃有所得。

〔一〕 王者求多聞以立事 "王"，底本作"三"，據八行本、阮本改。

137

〔二〕事不法古訓而以能長世，非說所聞。言無是道。

〔三〕學以順志，務是敏疾，其德之修乃來。

〔四〕信懷此學志，則道積於其身。

〔五〕斅，教也。教然後知所困〔一〕，是學之半。終始常念學，則其
　　德之修，無能自覺。

〔六〕愆，過也。視先王成法，其長無過，其惟學乎。

〔七〕言王能志學〔二〕，說亦用能敬承王志，廣招俊乂，使列眾官。

　　王曰：“嗚呼，說，四海之內，咸仰朕德，時乃風。〔一〕
股肱惟人，良臣惟聖。〔二〕昔先正保衡，作我先王，〔三〕乃曰：
‘予弗克俾厥后惟堯、舜，其心愧恥，若撻于市。’〔四〕一夫
不獲，則曰時予之辜。〔五〕佑我烈祖，格于皇天。〔六〕爾尚
明保予，罔俾阿衡，專美有商。〔七〕惟后非賢不乂，惟賢非
后不食，〔八〕其爾克紹乃辟于先王，永綏民。”〔九〕
　　說拜稽首曰：“敢對揚天子之休命。”〔一〇〕

〔一〕風，教也。使天下皆仰我德，是汝教。

〔二〕手足具乃成人，有良臣乃成聖。

〔三〕保衡，伊尹也。作，起。正，長也。言先王長官之臣〔三〕。

〔四〕言伊尹不能使其君如堯、舜則恥之。若見撻于市，故成
　　其能。

〔五〕伊尹見一夫不得其所，則以為己罪。

〔六〕言以此道左右成湯，功至大天，無能及者。

〔一〕教然後知所困　“困”，底本作“因”，據八行本、阮本改。
〔二〕言王能志學　“王”，底本作“三”，據八行本、阮本改。
〔三〕言先王長官之臣　“王”，八行本、阮本作“世”。

［七］汝庶幾明安我事，則與<u>伊尹</u>同美。

［八］言君須賢治，賢須君食。

［九］能繼汝君於先王，長安民，則汝亦有保衡之功。

［一〇］對，答也。答受美命，而稱揚之。

高宗肜日第十五

高宗祭成湯，有飛雉升鼎耳而雊，^[一]祖己訓諸王，^[二]作《高宗肜日》《高宗之訓》。^[三]

[一] 耳不聰之異雉鳴。

[二] 賢臣也，以訓道諫王。

[三] 所以訓也。亡。

高宗肜日^[一]

高宗肜日，越有雊雉。^[二]祖己曰："惟先格王，正厥事。"^[三]乃訓于王，曰："惟天監下民，典厥義。^[四]降年有永有不永，非天夭民，民中絶命。^[五]民有不若德，不聽罪。天既孚命正厥德，^[六]乃曰：'其如台。'^[七]嗚呼，王司敬民，罔非天胤，典祀無豐于昵。"^[八]

[一] 祭之明日又祭，殷曰肜，周曰繹。

[二] 於肜日有雉異。

[三] 言至道之王遭變異，正其事而異自消。

[四] 祖己既言，遂以道訓諫王。言天視下民，以義爲常。

[五] 言天之下年與民，有義者長，無義者不長。非天欲夭民，民自不修義，以致絶命。

[六] 不順德，言無義。不服罪，不改修。天已信命，正其德，謂有永有不永。

[七] 祖己恐王未受其言，故乃復曰，天道其如我所言。

140

〔八〕胤，嗣。昵，近也。歎以感王入其言，王者主民，當敬民
　　事，民事無非天所嗣常也。祭祀有常，不當特豐於近廟，
　　欲王因異服罪改修之也〔一〕。

西伯戡黎第十六

殷始咎周，^[一]周人乘黎，^[二]祖伊恐，^[三]奔告于受，^[四]作《西伯戡黎》。^[五]

[一] 咎，惡。
[二] 乘，勝也。所以見惡。
[三] 祖己後，賢臣。
[四] 受，紂也。音相亂。帝乙之子嗣立，暴虐無道。
[五] 戡亦勝也。

西伯戡黎

西伯既戡黎^[一]，^{〔一〕}祖伊恐，奔告于王，曰："天子，天既訖我殷命，^[二]格人元龜，罔敢知吉。^[三]非先王不相我後人，惟王淫戲用自絕，^[四]故天棄我，不有康食。不虞天性，不迪率典。^[五]今我民罔弗欲喪，曰：'天曷不降威，大命不摯。'今王其如台。"^[六]

[一] 近王圻之諸侯，在上黨東北。
[二] 文王率諸侯以事紂，内秉王心，紂不能制。今又克有黎國，迫近王圻，故知天已畢訖殷之王命。言將化爲周。
[三] 至人以人事觀殷，大龜以神靈考之，皆無知吉。

〔一〕 西伯既戡黎 "戡黎"，阮本同，八行本作"黎戡"。

142

　［四］非先祖不助子孫，以王淫過戲怠〔一〕，用自絶於先王。

　［五］以紂自絶於先王，故天亦棄之，宗廟不有安食於天下，而
　　　　王不度知天性命所在，而所行不蹈循常法。言多罪。

　［六］摯，至也。民無不欲王之亡，言天何不下罪誅之，有大命
　　　　宜王者，何以不至。王之凶害，其如我所言。

　　王曰：“嗚呼，我生不有命在天。”〔一〕

　　祖伊反，曰：“嗚呼，乃罪多，參在上，乃能責命于
天。〔二〕殷之即喪，指乃功，不無戮于爾邦。”〔三〕

　［一］言我生有壽命在天，民之所言豈能害我。遂惡之辭。

　［二］反，報紂也。云汝罪惡衆多〔二〕，參列於上天，天誅罰汝，汝
　　　　能責命于天，拒天誅乎。

　［三］言殷之就亡，指汝功事所致，汝不得無死戮於殷國，必將
　　　　滅亡，立可待。

〔一〕　以王淫過戲怠　“怠”，阮本作“迫”。
〔二〕　云汝罪惡衆多　“云”，八行本、阮本作“言”。

微子第十七

殷既錯天命，^{〔一〕}微子作誥父師、小師。^{〔二〕}

[一] 錯，亂也。
[二] 告二師而去紂。

微子^{〔一〕}

微子若曰："父師、少師，^{〔二〕}殷其弗或亂正四方，^{〔三〕}我祖厎遂陳于上。^{〔四〕}我用沈酗于酒，用亂敗厥德于下。^{〔五〕}殷罔不小大，好草竊姦宄。^{〔六〕}卿士師師非度，凡有辜罪，乃罔恒獲。^{〔七〕}小民方興，相爲敵讎。^{〔八〕}今殷其淪喪，若涉大水，其無津涯。^{〔九〕}殷遂喪，越至于今。"^{〔一○〕}

[一] 微，圻內國名。子爵。爲紂卿士，去无道。
[二] 父師，太師，三公，箕子也。少師，孤卿，比干。微子以紂距諫，知其必亡，順其事而言之。
[三] 或，有也。言殷其不有治正四方之事，將必亡。
[四] 言湯致遂其功，陳列於上世。
[五] 我，紂也。沈湎酗醟，敗亂湯德於後世。
[六] 草野竊盜，又爲姦宄於內外^{〔一〕}。
[七] 六卿、典士相師效爲非法度，皆有辜罪，無秉常得中者。
[八] 卿士既亂，而小人各起一方，其爲敵讎。言不和同。

〔一〕 又爲姦宄於內外 "內外"，八行本作"外內"。

［九］淪，沒也。言殷將沒亡，如涉大水無涯際，無所依就。

［一○］言遂喪亡，於是至於今到不待久。

　　曰：“父師、少師，我其發出狂。吾家耄，遜于荒^[一]。今爾無指，告予顛隮，若之何其。”^[二]

　　［一］我念殷亡，發疾生狂，在家耄亂，故欲遯出於荒野。言
　　　　　愁悶。

　　［二］汝無指意，告我殷邦顛隕隮墜，如之何其救之。

　　父師若曰：“王子，^[一]天毒降災荒殷邦，方興沈酗于酒。^[二]乃罔畏畏，咈其耇長，舊有位人。^[三]今殷民，乃攘竊神祇之犧牷牲用，以容將食，無災。^[四]降監殷民，用乂讎斂，召敵讎不怠。^[五]罪合于一，多瘠罔詔。^[六]商今其有災，我興受其敗，^[七]商其淪喪，我罔爲臣僕。詔王子出迪，^[八]我舊云刻子，王子弗出，我乃顛隮。^[九]自靖，人自獻于先王，^[一○]我不顧行遯。”^[一一]

　　［一］比干不見，明心同，省文。微子，帝乙元子，故曰王子。

　　［二］天生紂爲亂，是天毒下災，四方化紂沈湎^[一]，不可如何。

　　［三］言起沈湎，上不畏天災，下不畏賢人，違戾耇老之長、致
　　　　　仕之賢，不用其教，法紂故。

　　［四］自來而取曰攘。色純曰犧。體完曰牷。牛羊豕曰牲。器實曰
　　　　　用。盜天地宗廟牲用，相容行食之，無災罪之者。言政亂。

_____

〔一〕　四方化紂沈湎　“紂”，底本作“約”，據八行本、阮本改。

［五］下視殷民所用治者，皆重賦傷民，斂聚怨讎之道，而又亟行暴虐，自召敵讎，不懈怠〔一〕。

［六］言殷民上下有罪，皆合於一法紂，故使民多瘠病，而無詔救之者。

［七］災滅在近，我起受其敗，言宗室大臣義不忍去。

［八］商其没亡，我二人無所爲臣僕，欲以死諫紂，我教王子出合於道。

［九］刻，病也。我久知子賢，言於帝乙，欲立子。帝乙不肯，病子不得立，則宜爲殷後者子，今若不出逃難，我殷家宗廟，乃隕墜無主。

［一○］各自謀行其志，人人自獻達于先王，以不失道。

［一一］言將與紂俱死，所執各異，皆歸於仁。明君子之道，出處默語非一途〔二〕。

〔一〕 不懈怠 “懈”，阮本作“解”。

〔二〕 出處默語非一途 “默語”，阮本作“語默”。

尚書卷第六　周書

尚書卷第六　周書

孔　氏　傳

泰誓上第一

惟十有一年，<u>武王伐殷</u>，^[一]一月戊午，師渡<u>孟津</u>，^[二]作《泰誓》三篇。^[三]

[一]周自<u>虞</u>、<u>芮</u>質厥成，諸侯並附以爲受命之年。至九年而<u>文王</u>卒，<u>武王</u>三年服畢，觀兵<u>孟津</u>，以卜諸侯伐<u>紂</u>之心，諸侯僉同，乃退以示弱。

[二]十三年正月二十八日，更與諸侯期而共伐<u>紂</u>。

[三]渡津乃作。

泰誓^[一]
惟十有三年春，大會于<u>孟津</u>。^[二]

[一]大會以誓衆。

[二]三分二諸侯及諸戎狄。此<u>周</u>之孟春。

王曰：“嗟，我友邦冢君，越我御事庶士，明聽誓。^[一]惟天地萬物父母，惟人萬物之靈。^[二]亶聰明，作元后，元后作民父母。^[三]今<u>商</u>王<u>受</u>，弗敬上天，降災下民。沈湎冒色，敢行暴虐。^[四]罪人以族，官人以世。^[五]惟宮室、臺榭、陂池、侈服，以殘害于爾萬姓。^[六]焚炙忠良，刳剔孕婦。^[七]

［一］冢，大。御，治也。友諸侯，親之。稱大君，尊之。下及我治事衆士，大小無不皆明聽誓。

［二］生之謂父母。靈，神也。天地所生，惟人爲貴。

［三］人誠聰明，則爲大君，而爲衆民父母。

［四］沈湎嗜酒，冒亂女色，敢行酷暴，虐殺無辜。

［五］一人有罪，刑及父母兄弟妻子，言淫濫。官人不以賢才而以父兄，所以政亂。

［六］土高曰臺，有木曰榭，澤障曰陂，停水曰池。侈謂服飾過制，言匱民財力爲奢麗。

［七］忠良無罪，焚炙之。懷子之婦，刳剔視之。言暴虐。

“皇天震怒，命我文考，肅將天威，大勳未集。^[一]肆予小子發，以爾友邦冢君，觀政于商。^[二]惟受罔有悛心，乃夷居，弗事上帝神祇，遺厥先宗廟弗祀。^[三]犧牲粢盛，既于凶盜。^[四]乃曰：‘吾有民有命。’罔懲其侮。^[五]天佑下民，作之君，作之師，^[六]惟其克相上帝，寵綏四方。^[七]有罪無罪，予曷敢有越厥志。^[八]同力度德，同德度義。^[九]

［一］言天怒紂之惡，命文王敬行天罰，功業未成而崩。

［二］父業未就之故，故我與諸侯觀紂政之善惡。謂十一年自孟津還時。

［三］悛，改也。言紂縱惡無改心，平居無故廢天地百神宗廟之祀，慢之甚。

［四］凶人盡盜食之，而紂不罪。

［五］紂言吾所以有兆民，有天命，故群臣畏罪不爭，無能止其
　　　慢心。

［六］言天佑助下民，爲立君以政之，爲立師以教之。

［七］當能助天，寵安天下。

［八］越，遠也。言己志欲爲民除惡，是與否，不敢遠其志。

［九］力鈞則有德者勝，德鈞則秉義者強，揆度優劣，勝負可見。

　　“受有臣億萬，惟億萬心。[一]予有臣三千，惟一心。[二]
商罪貫盈，天命誅之。予弗順天，厥罪惟鈞。[三]予小子夙
夜祗懼，受命文考，類于上帝，宜于冢土，以爾有衆，厎
天之罰。[四]天矜于民，民之所欲，天必從之。[五]爾尚弼
予一人，永清四海。[六]時哉，弗可失。”[七]

［一］人執異心，不和諧。

［二］三千一心，言欲同。

［三］紂之爲惡，一以貫之。惡貫已滿，天畢其命。今不誅紂，
　　　則爲逆天，與紂同罪。

［四］祭社曰宜。冢土，社也。言我畏天之威，告文王廟，以事
　　　類告天祭社，用汝衆，致天罰於紂。

［五］矜，憐也。言天除惡樹善，與民同。

［六］穢惡除，則四海長清。

［七］言今我伐紂，正是天人合同之時，不可違失。

泰誓中第二

惟戊午，王次于河朔。^[一]群后以師畢會，^[二]王乃徇師而誓曰："嗚呼，西土有衆，咸聽朕言。^[三]我聞吉人爲善，惟日不足。凶人爲不善，亦惟日不足。^[四]今商王受，力行無度，^[五]播棄犂老，昵比罪人。^[六]淫酗肆虐，臣下化之。^[七]朋家作仇，脅權相滅。無辜籲天，穢德彰聞。^[八]

〔一〕次，止也。戊午渡河而誓，既誓而止于河之北。

〔二〕諸侯盡會次也。

〔三〕徇，循也。武王在西，故稱西土。

〔四〕言吉人渴日以爲善，凶人亦渴日以行惡。^{〔一〕}

〔五〕行無法度，渴日不足^{〔二〕}，故曰力行。

〔六〕鮐背之耈稱犂老，布棄不禮敬。昵，近。罪人，謂天下逋逃之小人。

〔七〕過酗縱虐，以酒成惡，臣下化之。言罪同。

〔八〕臣下朋黨，自爲仇怨，脅上權命，以相誅滅。籲，呼也。民皆呼天告寃無辜，紂之穢德，彰聞天地。言罪惡深。

"惟天惠民，惟辟奉天。^[一]有夏桀，弗克若天，流毒下國。^[二]天乃佑命成湯，降黜夏命。^[三]惟受罪浮于桀，^[四]剝喪元良，賊虐諫輔。^[五]謂己有天命，謂敬不足行，謂祭

〔一〕言吉人……以行惡　此句兩"渴"字，八行本、阮本作"竭"。

〔二〕渴日不足　"渴"，八行本、阮本作"竭"。

無益，謂暴無傷。^[六]厥監惟不遠，在彼夏王。^[七]天其以
予乂民，^[八]朕夢協朕卜，襲于休祥，戎商必克。^[九]

[一] 言君天下者，當奉天以愛民。

[二] 桀不能順天，流毒虐於下國萬民。言凶害。

[三] 言天助湯命，使下退桀命。

[四] 浮，過。

[五] 剡，傷害也。賊，殺也。元，善之長。良，善。以諫輔紂，
　　紂反殺之。

[六] 言紂所以罪過於桀。

[七] 其視紂罪與桀同辜，言必誅之。

[八] 用我治民，當除惡。

[九] 言我夢與卜俱合於美善，以兵誅紂，必克之占。

　“受有億兆夷人，離心離德。^[一]予有亂臣十人，同心
同德。^[二]雖有周親，不如仁人。^[三]天視自我民視，天聽
自我民聽。^[四]百姓有過，在予一人，^[五]今朕必往。我武
惟揚，侵于之疆，^[六]取彼凶殘，我伐用張，于湯有光。^[七]
勖哉夫子，罔或無畏，寧執非敵。^[八]百姓懍懍，若崩厥
角。^[九]嗚呼，乃一德一心，立定厥功，惟克永世。”^[一〇]

[一] 夷人^{〔一〕}，凡人也。雖多而執心用德不同。

[二] 我治理之臣雖少，而心德同。

[三] 周，至也。言紂至親雖多，不如周家之少仁人。

────────────

〔一〕 夷人　“夷”，八行本、阮本作“平”。

153

［四］言天因民以視聽，民所惡者天誅之。

［五］己能無惡於民，民之有過，在我教不至。

［六］揚，舉也。言我舉武事，侵入<u>紂</u>郊疆，伐之。

［七］<u>桀</u>流毒天下，<u>湯</u>黜其命。<u>紂</u>行凶殘之德，我以兵取之，伐惡之道張設，比於<u>湯</u>又有光明。

［八］勗，勉也。夫子，謂將士。無敢有無畏之心，寧執非敵之志，伐之則克矣。

［九］言民畏<u>紂</u>之虐，危懼不安，若崩摧其角，無所容頭。

［一〇］汝同心立功，則能長世以安民。

泰誓下第三

時厥明，王乃大巡六師，明誓眾士。^[一]王曰："嗚呼，我西土君子，天有顯道，厥類惟彰。^[二]今商王受，狎侮五常，荒怠弗敬。^[三]自絕于天，結怨于民。^[四]斮朝涉之脛，剖賢人之心。^[五]作威殺戮，毒痡四海。^[六]崇信姦回，放黜師保。^[七]屏棄典刑，囚奴正士。^[八]郊社不修，宗廟不享，作奇技淫巧，以悅婦人。^[九]上帝弗順，祝降時喪。^[一〇]爾其孜孜，奉予一人，恭行天罰。^[一一]

[一] 是其戊午明日〔一〕，師出以律，三申令之，重難之義。眾士，百夫長已上。

[二] 言天有明道，其義類惟明。言王所宜法則。

[三] 輕狎五常之教，侮慢不行，大爲怠惰，不敬天地神明。

[四] 不敬天，自絕之。酷虐民，結怨之。

[五] 冬月見朝涉水者，謂其脛耐寒，斬而視之。比干忠諫，謂其心異於人，剖而觀之。酷虐之甚。

[六] 痡〔二〕，病也。言害所及遠。

[七] 回，邪也。姦邪之人，反尊信之。可法以安者，反放退之。

[八] 屏棄常法而不顧，箕子正諫而以爲囚奴。

[九] 言紂廢至尊之敬，營卑褻惡事，作過制技巧以恣耳目之欲。

[一〇] 祝，斷也。天惡紂逆道，斷絕其命，故下是喪亡之誅。

〔一〕 是其戊午明日 "日"，八行本作 "月"。

〔二〕 痡 "痡"，八行本作 "痡"。

〔一一〕孜孜，勸勉不怠。

“古人有言曰：‘撫我則后，虐我則讎。’〔一〕獨夫受，洪惟作威，乃汝世讎。〔二〕樹德務滋，除惡務本。〔三〕肆予小子，誕以爾衆士，殄殲乃讎。〔四〕爾衆士，其尚迪果毅，以登乃辟。〔五〕功多有厚賞，不迪有顯戮。〔六〕

〔一〕武王述古言以明義〔一〕，言非惟今惡紂。〔二〕

〔二〕言獨夫，失君道也。大作威，殺無辜，乃是汝累世之讎，明不可不誅。

〔三〕立德務滋長，去惡務除本。言紂爲天下惡本。

〔四〕言欲行除惡之義，絶盡紂。

〔五〕迪，進也。殺敵爲果，致果爲毅。登，成也。成汝君之功。

〔六〕賞以勸之，戮以威之。

“嗚呼，惟我文考，若日月之照臨，光于四方，顯于西土。〔一〕惟我有周，誕受多方。〔二〕予克受，非予武，惟朕文考無罪。〔三〕受克予，非朕文考有罪，惟予小子無良〔三〕。”〔四〕

〔一〕稱父以感衆也。言其明德充塞四方，明著岐周。

〔二〕言文王德大，故受衆方之國，三分天下而有其二。

〔三〕推功於父，言文王無罪於天下，故天佑之，人盡其用。

〔四〕若紂克我，非我父罪，我之無善之致。

〔一〕 武王述古言以明義　“述”，底本作“逑”，據八行本、阮本改。

〔二〕 言非惟今惡紂　“惡紂”，阮本作“紂惡”。

〔三〕 惟予小子無良　“良”，八行本作“長”。

牧誓第四

　　武王戎車三百兩，﹝一﹞虎賁三百人，﹝二﹞與受戰于牧野，作《牧誓》。

　　﹝一﹞兵車，百夫長所載。車稱兩，一車步卒七十二人，凡二萬
　　　　一千人，舉全數。
　　﹝二﹞勇士稱也，若虎賁獸，言其猛也，皆百夫長。

牧誓﹝一﹞
　　時甲子昧爽，﹝二﹞王朝至于商郊牧野，乃誓。﹝三﹞
　　王左杖黃鉞，右秉白旄以麾，曰："逖矣，西土之人。"﹝四﹞
　　王曰："嗟，我友邦冢君﹝五﹞，御事：司徒、司馬、司空、﹝六﹞亞旅、師氏、﹝七﹞千夫長、百夫長，﹝八﹞及庸、蜀、羌、髳、微、盧、彭、濮人，﹝九﹞稱爾戈，比爾干，立爾矛，予其誓。"﹝一〇﹞

　　﹝一﹞至牧地而誓眾。
　　﹝二﹞是克紂之月，甲子之日，二月四日。昧，冥。爽，明。早，
　　　　旦也﹝一﹞。
　　﹝三﹞紂近郊三十里地名牧。癸亥夜陳，甲子朝誓，將與紂戰。

〔一〕旦也　"也"，八行本、阮本無。

157

〔四〕鉞以黃金飾斧。左手杖鉞，示無事於誅。右手把旄〔一〕，示有
　　　事於教。逖，遠也。遠矣，西土之人，勞苦之。

〔五〕同志爲友，言志同滅紂。

〔六〕治事三卿，司徒主民，司馬主兵，司空主土。指誓戰者。

〔七〕亞，次。旅，衆也。衆大夫，其位次卿。師氏，大夫，官
　　　以兵守門者。

〔八〕師帥，卒帥。

〔九〕八國皆蠻夷戎狄，屬文王者，國名。羌在西蜀叟，髳、微
　　　在巴蜀，盧、彭在西北，庸、濮在江漢之南。

〔一〇〕稱，舉也。戈，戟〔二〕。干，楯也。

　　王曰：“古人有言曰：‘牝雞無晨，〔一〕牝雞之晨，惟家
之索。’〔二〕今商王受，惟婦言是用，〔三〕昏棄厥肆祀弗答，〔四〕
昏棄厥遺王父母弟不迪。〔五〕乃惟四方之多罪逋逃，是崇是
長，〔六〕是信是使，是以爲大夫卿士。〔七〕俾暴虐于百姓，
以姦宄于商邑。〔八〕

〔一〕言無晨鳴之道。

〔二〕索，盡也。喻婦人知外事，雌代雄鳴則家盡，婦奪夫政則
　　　國亡。

〔三〕妲己惑紂，紂信用之。

〔四〕昏，亂。肆，陳。答，當也。亂棄其所陳祭祀，不復當享
　　　鬼神。

〔一〕右手把旄　“旄”，八行本作“旄旄”。
〔二〕戟　“戟”，底本作“戰”，八行本、阮本作“戟”，據改。

［五］王父，祖之昆弟。母弟，同母弟。言棄其骨肉，不接之
　　　以道。

［六］言紂棄其賢臣，而尊長逃亡罪人，信用之。

［七］士，事也。用爲卿大夫，典政事。

［八］使四方罪人暴虐姦宄於都邑。

　　"今予發，惟恭行天之罰。今日之事，不愆于六步、七
步，乃止齊焉。^[一]夫子，勖哉。不愆于四伐五伐、六伐七
伐，乃止齊焉。^[二]勖哉，夫子。尚桓桓，^[三]如虎如貔、
如熊如羆，于商郊。^[四]弗迓克奔，以役西土。^[五]勖哉，
夫子。爾所弗勖，其于爾躬有戮。"^[六]

［一］今日戰事，就敵不過六步七步，乃止相齊，言當旅進一心。

［二］夫子謂將士。勉勵之。伐謂擊刺。少則四五，多則六七以
　　　爲例。

［三］桓桓，武貌。

［四］貔，執夷，虎屬也。四獸皆猛健，欲使士衆法之，奮擊於
　　　牧野。

［五］商衆能奔來降者，不迎擊之，如此則所以役我西土之義。

［六］臨敵所安，汝不勉，則於汝身有戮矣。

武成第五

武王伐殷。往伐歸獸，[一] 識其政事，[二] 作《武成》。[三]

[一] 往誅紂，克定，偃武修文，歸馬牛於華山、桃林之牧地。

[二] 記識殷家政教善事以爲法。

[三] 武功成，文事修。

武成[一]

惟一月壬辰，旁死魄。[二] 越翼日癸巳，王朝步自周，于征伐商。[三]

厥四月，哉生明，王來自商，至于豐，[四] 乃偃武修文，[五] 歸馬于華山之陽，放牛于桃林之野，示天下弗服。[六]

[一] 文王受命，有此武功，成於克商。

[二] 此本説始伐紂時。一月，周之正月。旁，近也。月二日近死魄。

[三] 翼，明。步，行也。武王以正月三日行自周，往征伐商。二十八日，渡孟津。

[四] 其四月。哉，始也。始生明，月三日，與死魄互言。

[五] 倒載干戈，包以虎皮，示不用。行禮射，設庠序，修文教。

[六] 山南曰陽。桃林在華山東，皆非長養牛馬之地，欲使自生自死，示天下不復乘用。

丁未，祀于周廟，邦甸、侯、衛駿奔走，執豆、籩。^[一]越三日庚戌，柴、望，大告武成。^[二]

既生魄，庶邦冢君，暨百工，受命于周。^[三]

[一] 四月丁未，祭告后稷以下。文考，文王以上七世之祖。駿，大也。邦國甸侯衛服諸侯，皆大奔走於廟執事。

[二] 燔柴郊天，望祀山川，先祖後郊，自近始也。

[三] 魄生明死十五日之後，諸侯與百官受政命於周，明一統。

王若曰："嗚呼，群后，^[一]惟先王建邦啓土，^[二]公劉克篤前烈。^[三]至于大王，肇基王迹，王季其勤王家。^[四]我文考文王，克成厥勳，誕膺天命，以撫方夏。^[五]大邦畏其力，小邦懷其德。^[六]

[一] 順其祖業歎美之，以告諸侯。

[二] 謂后稷也。尊祖，故稱先王。

[三] 后稷曾孫。公，爵。劉，名。能厚先人之業。

[四] 大王修德以翦齊商人，始王業之肇迹，王季纘統其業，乃勤立王家〔一〕。

[五] 言我文德之父，能成其王功，大當天命，以撫綏四方中夏〔二〕。

[六] 言天下諸侯，大者畏威，小者懷德，是文王威德之大。

─────────

〔一〕 乃勤立王家　"家"，阮本作"業"。

〔二〕 以撫綏四方中夏　"綏"，底本作"緩"，據八行本、阮本改。

161

“惟九年，大統未集，[一]予小子其承厥志，[二]厎商之
罪，告于皇天后土、所過名山大川，[三]曰：惟有道曾孫周
王發，將有大正于商，[四]今商王受無道，[五]暴殄天物，
害虐烝民，[六]爲天下逋逃主，萃淵藪。[七]

> [一] 言諸侯歸之，九年而卒，故大業未就〔一〕。
>
> [二] 言承文王本意。
>
> [三] 致商之罪，謂伐紂之時。后土，社也。名山，華岳。大
> 　　川，河。
>
> [四] 告天、社、山川之辭。大正，以兵征之〔二〕。
>
> [五] 無道德。
>
> [六] 暴絶天物，言逆天也。逆天害民，所以爲無道。
>
> [七] 逋，亡也。天下罪人逃亡者，而紂爲魁主，窟聚淵府藪澤。
> 　　言大姦〔三〕。

“予小子既獲仁人，敢祗承上帝，以遏亂略。[一]華夏
蠻貊，罔不率俾，恭天成命。[二]肆予東征，綏厥士女。[三]
惟其士女，篚厥玄黃，昭我周王。[四]天休震動，用附我大
邑周。[五]惟爾有神，尚克相予，以濟兆民，無作神羞。”[六]
既戊午，師逾孟津。癸亥，陳于商郊，俟天休命。[七]

> [一] 仁人，謂大公、周、召之徒。略，路也。言誅紂敬承天意，
> 　　以絶亂路。

〔一〕 故大業未就　“業”，阮本作“統”。

〔二〕 以兵征之　“之”後，八行本、阮本有“也”字。

〔三〕 言大姦　“大”，底本作“天”，據八行本、阮本改。

［二］冕服采章曰華，大國曰夏。及四夷皆相率，而使奉天成命。

［三］此謂十一年會孟津還時。

［四］言東國士女，筐筐盛其絲帛，奉迎道次。明我周王屬之除害。

［五］天之美應，震動民心，故用依附我。

［六］神庶幾助我渡民危害，無爲神羞辱。

［七］自河至朝歌出四百里，五日而至，赴敵宜速。待天休命，謂夜雨止畢陳。

甲子昧爽，受率其旅若林，會于牧野。^[一]罔有敵于我師，前徒倒戈，攻于後以北，血流漂杵。^[二]一戎衣，天下大定，^[三]乃反商政，政由舊。^[四]釋箕子囚，封比干墓，式商容閭。^[五]散鹿臺之財，發鉅橋之粟。^[六]大賚于四海，而萬姓悅服。^[七]

［一］旅，眾也。如林，言盛多。會逆，距戰。

［二］紂眾服周仁政，無有戰心，前徒倒戈，自攻于後以北走，血流漂舂杵，甚之言。

［三］衣，服也。一着戎服而滅紂，言與眾同心，動有成功。

［四］反紂惡政，用商先王善政。

［五］皆武王反紂政。囚，奴，徒隸。封，益其土。商容，賢人，紂所貶退。式其閭巷，以禮賢。

［六］紂所積之府倉，皆散發，以賑貧民。

［七］施舍已債，救乏賙無^[一]，所謂周有大賚，天下皆悅仁服德。

〔一〕救乏賙無　"乏"，底本作"之"，據八行本、阮本改。

列爵惟五，^[一]分土惟三，^[二]建官惟賢，^[三]位事惟能。^[四]重民五教，^[五]惟食、喪、祭。^[六]惇信明義，^[七]崇德報功，^[八]垂拱而天下治。^[九]

[一] 即所識政事而法之，爵五等，公、侯、伯、子、男。

[二] 列地封國，公、侯方百里，伯七十里，子、男五十里，爲三品。

[三] 立官以官賢才。

[四] 居位理事，必任能事。

[五] 所重在民，及五常之教。

[六] 民以食爲命，喪禮篤親愛^{〔一〕}，祭祀崇孝養，皆聖王所重。

[七] 使天下厚行信，顯忠義。

[八] 有德尊以爵，有功報以祿。

[九] 言武王所修皆是，所任得人，故垂拱而天下治^{〔二〕}。

〔一〕 喪禮篤親愛 "篤"，八行本作"篤事"。

〔二〕 故垂拱而天下治 "故"，阮本作"欲"。

尚書卷第七　周書

尚書卷第七　周書

孔　氏　傳

洪範第六

　　武王勝殷，殺受，立武庚，^[一]以箕子歸。作《洪範》。^[二]

　　[一] 不放而殺，紂自焚也。武庚，紂子，以爲王者後，一名禄父。
　　[二] 歸鎬京。箕子作之。

　　洪範 ^[一]
　　惟十有三祀，王訪于箕子。^[二]王乃言曰："嗚呼，箕子。惟天陰騭下民，相協厥居，^[三]我不知其彝倫攸叙。"^[四]

　　[一] 洪，大。範，法也。言天地之大法。
　　[二] 商曰祀。箕子稱祀，不忘本。此年四月歸宗周，先告武成，次問天道。
　　[三] 騭，定也。天不言而默定下民，是助合其居，使有常生之資。
　　[四] 言我不知天所以定民之常道理次叙，問何由。

　　箕子乃言曰:“我聞在昔，鯀陻洪水，汩陳其五行。^{〔一〕}帝乃震怒，不畀洪範九疇，彝倫攸斁。^{〔二〕}鯀則殛死，禹乃嗣興。^{〔三〕}天乃錫禹洪範九疇，彝倫攸叙。^{〔四〕}

　　〔一〕陻，塞。汩，亂也。治水失道，亂陳其五行。

　　〔二〕畀，與。斁，敗也。天動怒鯀，不與大法九疇。疇，類也。
　　　　故常道所以敗。

　　〔三〕放鯀，至死不赦。嗣，繼也。廢父興子，堯、舜之道。

　　〔四〕天與禹洛出書，神龜負文而出^{〔一〕}，列於背，有數至于九。禹
　　　　遂因而第之，以成九類，常道所以次敘。

　　“初一曰五行，^{〔一〕}次二曰敬用五事，^{〔二〕}次三曰農用八
政，^{〔三〕}次四曰協用五紀，^{〔四〕}次五曰建用皇極，^{〔五〕}次六曰
乂用三德，^{〔六〕}次七曰明用稽疑，^{〔七〕}次八曰念用庶徵，次
九曰嚮用五福，威用六極。^{〔八〕}

　　〔一〕九類，類一章，以五行爲始。

　　〔二〕五事在身，用之必敬乃善。

　　〔三〕農，厚也。厚用之，政乃成。

　　〔四〕協，和也。和天時，使得正用五紀。

　　〔五〕皇，大。極，中也。凡立事當用大中之道。

　　〔六〕治民必用剛、柔、正直之三德^{〔二〕}。

　　〔七〕明用卜筮，考疑之事。

〔一〕神龜負文而出　“文”，底本作“丈”，據八行本、阮本改。
〔二〕治民必用剛柔正直之三德　“治”，八行本作“始”。

〔八〕言天所以嚮勸人用五福，所以威沮人用六極。此已上，<u>禹</u>所第敍。

“一，五行：一曰水，二曰火，三曰木，四曰金，五曰土。〔一〕水曰潤下，火曰炎上，〔二〕木曰曲直，金曰從革，〔三〕土爰稼穡。〔四〕潤下作鹹，〔五〕炎上作苦，〔六〕曲直作酸，〔七〕從革作辛，〔八〕稼穡作甘。〔九〕

〔一〕皆其生數。

〔二〕言其自然之常性。

〔三〕木可以楺曲直〔一〕，金可以改更。

〔四〕種曰稼，斂曰穡。土可以種，可以斂。

〔五〕水鹵所生。

〔六〕焦氣之味。

〔七〕木實之性。

〔八〕金之氣味〔二〕。

〔九〕甘味生於百穀。“五行”以下，<u>箕子</u>所陳。

“二，五事：一曰貌，〔一〕二曰言，〔二〕三曰視，〔三〕四曰聽，〔四〕五曰思。〔五〕貌曰恭，〔六〕言曰從，〔七〕視曰明，〔八〕聽曰聰，〔九〕思曰睿。〔一〇〕恭作肅，〔一一〕從作乂，〔一二〕明作晢，〔一三〕聰作謀，〔一四〕睿作聖。〔一五〕

〔一〕木可以楺曲直　“楺”，八行本、<u>阮</u>本作“揉”。

〔二〕金之氣味　“味”，<u>阮</u>本無。

〔一〕容儀。

〔二〕詞章。

〔三〕觀正。

〔四〕察是非。

〔五〕心慮所行。

〔六〕儼恪。

〔七〕是則可從。

〔八〕必清審。

〔九〕必微諦。

〔一〇〕必通於微。

〔一一〕心敬。

〔一二〕可以治。

〔一三〕照了。

〔一四〕所謀必成當。

〔一五〕於事無不通謂之聖。

"三，八政：一曰食，〔一〕二曰貨，〔二〕三曰祀，〔三〕四曰司空，〔四〕五曰司徒，〔五〕六曰司寇，〔六〕七曰賓，〔七〕八曰師。〔八〕

〔一〕勸農業〔一〕。

〔二〕寶用物。

〔三〕敬鬼神以成教。

〔四〕主空土以居民。

〔五〕主徒衆，教以禮義。

〔一〕 勸農業 "勸"，八行本、阮本作"勤"。

［六］主姦盜^{〔一〕}，使無縱^{〔二〕}。

［七］禮賓客，無不敬。

［八］簡師所任必良，士卒必練。

"四，五紀：一曰歲，^{〔一〕}二曰月，^{〔二〕}三曰日，^{〔三〕}四曰星辰，^{〔四〕}五曰曆數。^{〔五〕}

［一］所以紀四時。

［二］所以紀一月。

［三］紀一日。

［四］二十八宿迭見，以敍氣節。十二辰，所以紀日月所會^{〔三〕}。

［五］曆數節氣之度以爲曆，敬授民時。

"五，皇極：皇建其有極。^{〔一〕}斂時五福，用敷錫厥庶民。^{〔二〕}惟時厥庶民于汝極，錫汝保極。^{〔三〕}凡厥庶民，無有淫朋，人無有比德，惟皇作極。^{〔四〕}

［一］大中之道，大立其有中。謂行九疇之義。

［二］斂是五福之道以爲教，用布與衆民，使慕之。

［三］君上有五福之教。衆民於君取中，與君以安中之善。言
　　　從化。

［四］民有安中之善，則無淫過朋黨之惡、比周之德。惟天下皆

〔一〕　主姦盜　"主"，八行本作"王"。

〔二〕　使無縱　"縱"，八行本、阮本作"縱"。

〔三〕　所以紀日月所會　"所"，八行本、阮本無。

大爲中正〔一〕。

"凡厥庶民，有猷有爲有守，汝則念之。〔一〕不協于極，不罹于咎，皇則受之，〔二〕而康而色。曰'予攸好德'，汝則錫之福。〔三〕時人斯其惟皇之極。〔四〕無虐煢獨，而畏高明。〔五〕人之有能有爲，使羞其行，而邦其昌。〔六〕凡厥正人，既富方穀。〔七〕汝弗能使有好于而家，時人斯其辜。〔八〕于其無好德，汝雖錫之福，其作汝用咎。〔九〕

〔一〕民戴有道，有所爲，有所執守，汝則念錄敍之。

〔二〕凡民之行，雖不合於中，而不罹于咎惡，皆可進用，大法受之。

〔三〕汝當安汝顏色，以謙下人。人曰"我所好者德"，汝則與之爵祿。

〔四〕不合於中之人，汝與之福，則是人此其惟大之中。言可勉進。

〔五〕煢，單，無兄弟也。無子曰獨。單獨者不侵虐之，寵貴者不枉法畏之。

〔六〕功能有爲之士，使進其所行，汝國其昌盛。

〔七〕凡其正直之人，既當以爵祿富之，又當以善道接之。

〔八〕不能使正直之人有好於國家，則是人斯其詐取罪而去。

〔九〕於其無好德之人，汝雖與之爵祿，其爲汝用惡道以敗汝善。

"無偏無陂，遵王之義。〔一〕無有作好，遵王之道。無

〔一〕惟天下皆大爲中正 "惟"，阮本作"爲"。

有作惡，尊王之路。^[二]無偏無黨，王道蕩蕩。^[三]無黨無偏，王道平平。^[四]無反無側，王道正直。^[五]會其有極，歸其有極。^[六]

[一] 偏，不平。陂，不正。言當循先王之正義以治民。

[二] 言無有亂爲私好惡^{〔一〕}，動必循先王之道路。

[三] 言開闢。

[四] 言辯治。

[五] 言所行無反道不正，則王道平直。

[六] 言會其有中而行之，則天下皆歸其有中矣。

"曰皇極之敷言，是彝是訓，于帝其訓。^[一]凡厥庶民，極之敷言，是訓是行，以近天子之光。^[二]曰天子作民父母，以爲天下王。^[三]

[一] 曰者，大其義，言以大中之道布陳言教，不失是常^{〔二〕}，則人皆是順矣。天且其順，而況于人乎？

[二] 凡其衆民中心之所陳言，凡順是行之，則可以近益天子之光明。

[三] 言天子布德惠之教，爲兆民之父母，是爲天下所歸往，不可不務。

"六，三德：一曰正直，^[一]二曰剛克，^[二]三曰柔克。^[三]

〔一〕 言無有亂爲私好惡　"爲"，八行本、阮本作"無"。

〔二〕 不失是常　"是"，阮本作"其"。

平康，正直，^[四]彊弗友剛克，^[五]燮友柔克。^[六]沈潛剛克，^[七]高明柔克。^[八]

[一] 能正人之曲直。

[二] 剛能立事。

[三] 和柔能治。三者皆德。

[四] 世平安，用正直治之。

[五] 友，順也。世彊禦不順，以剛能治之。

[六] 燮，和也。世和順，以柔能治之。

[七] 沈潛謂地，雖柔亦有剛，能出金石。

[八] 高明謂天。言天爲剛德，亦有柔克，不干四時。喻臣當執
　　剛以正君，君亦當執柔以納臣。

"惟辟作福，惟辟作威，惟辟玉食。^[一]臣無有作福、作威、玉食。臣之有作福、作威、玉食，其害于而家，凶于而國。人用側頗僻，民用僭忒。^[二]

[一] 言惟君得專威福，爲美食。

[二] 在位不敦平，則下民僭差。

"七，稽疑：擇建立卜筮人，^[一]乃命卜筮。^[二]曰雨，曰霽，^[三]曰蒙，^[四]曰驛，^[五]曰克，^[六]曰貞，曰悔，^[七]凡七。^[八]卜五，占用二，衍忒。立時人作卜筮，三人占，則從二人之言。^[九]

[一] 龜曰卜，蓍曰筮。考正疑事，當選擇知卜筮人而建立之。

［二］建立其人，命以其職。

［三］龜兆形，有似雨者，有似雨止者。

［四］蒙，陰闇。

［五］氣落驛相連屬〔一〕。

［六］兆相交錯。五者，卜兆之常法。

［七］内卦曰貞，外卦曰悔。

［八］卜筮之數。

［九］立是知卜筮人，使爲卜筮之事。夏、殷、周卜筮各異。三法並卜，從二人之言，善鈞從衆。卜、筮各三人。

“汝則有大疑，謀及乃心，謀及卿士，謀及庶人，謀及卜筮。〔一〕汝則從，龜從，筮從，卿士從，庶民從，是之謂大同。〔二〕身其康彊，子孫其逢吉。〔三〕汝則從，龜從，筮從，卿士逆，庶民逆，吉。〔四〕卿士從，龜從，筮從，汝則逆，庶民逆，吉。〔五〕庶民從，龜從，筮從，汝則逆，卿士逆，吉。〔六〕汝則從，龜從，筮逆，卿士逆，庶民逆，作内吉，作外凶。〔七〕龜、筮共違于人，〔八〕用靜吉，用作凶。〔九〕

［一］將舉事而汝則有大疑，先盡汝心以謀慮之，次及卿士、衆民，然後卜筮以決之。

［二］人心和順，龜筮從之，是謂大同於吉。

［三］動不違衆，故後世遇吉。

［四］三從二逆，中吉，亦可舉事。

［五］君臣不同，決之卜筮，亦中吉。

〔一〕 氣落驛相連屬　“落驛相”，八行本作“落驛不”，阮本作“洛驛不”。

〔六〕民與上異心，亦卜筮以決之。

〔七〕二從三逆，龜筮相違，故可以祭祀冠婚，不可以出師征伐。

〔八〕皆逆。

〔九〕安以守常則吉，動則凶。

"八，庶徵：曰雨，曰暘，曰燠，曰寒，曰風，曰時。〔一〕五者來備，各以其叙，庶草蕃廡。〔二〕一極備，凶。一極無，凶。〔三〕

〔一〕雨以潤物，暘以乾物，燠以長物〔一〕，寒以成物，風以動物。

　　　五者各以其時，所以爲衆驗。

〔二〕言五者備至，各以次序，則衆草蕃滋廡豐也。

〔三〕一者備極，過甚則凶。一者極無，不至亦凶。謂不時失叙。

"曰休徵：〔一〕曰肅，時雨若。〔二〕曰乂，時暘若。〔三〕曰晢，時燠若。〔四〕曰謀，時寒若。〔五〕曰聖，時風若。〔六〕

〔一〕叙美行之驗。

〔二〕君行敬，則時雨順之。

〔三〕君行政治，則時暘順之。

〔四〕君能照晢，則時燠順之〔二〕。

〔五〕君能謀，則時寒順之。

〔六〕君能通理，則時風順之。

〔一〕燠以長物　"燠"，八行本、阮本作"煖"。

〔二〕則時燠順之　"燠"，八行本作"煖"。

"曰咎徵:^[一]曰狂，恒雨若。^[二]曰僭，恒暘若。^[三]曰豫，恒燠若。^[四]曰急，恒寒若。^[五]曰蒙，恒風若。^[六]

[一] 敘惡行之驗。

[二] 君行狂妄^{〔一〕}，則常雨順之。

[三] 君行僭差，則常暘順之。

[四] 君行逸豫，則常燠順之^{〔二〕}。

[五] 君行急，則常寒順之。

[六] 君行蒙闇，則常風順之。

"曰王省惟歲，^[一]卿士惟月，^[二]師尹惟日。^[三]歲月日時無易，^[四]百穀用成，乂用明，^[五]俊民用章，家用平康。^[六]日月歲時既易，^[七]百穀用不成，乂用昏不明，俊民用微，家用不寧。^[八]

[一] 王所省職，兼所總群吏，如歲兼四時。

[二] 卿士各有所掌，如月之有別。

[三] 衆正官之吏，分治其職，如日之有歲月。

[四] 各順常。

[五] 歲月日時無易，則百穀成。君臣無易，則政治明。

[六] 賢臣顯用，國家平寧。

[七] 是三者已易，喻君臣易職。

[八] 君失其柄，權臣擅命，治闇賢隱，國家亂。

〔一〕 君行狂妄　"妄"，<u>阮</u>本作"疾"。

〔二〕 則常燠順之　"燠"，<u>阮</u>本作"燠"。

177

"庶民惟星：星有好風，星有好雨[一]。日月之行，則有冬有夏；[二]月之從星，則以風雨。[三]

[一]星，民象。故眾民惟若星。箕星好風，畢星好雨，亦民所好。

[二]日月之行，冬夏各有常度。君臣政治，小大各有常法。

[三]月經於箕則多風，離於畢則多雨。政教失常，以從民欲，亦所以亂。

"九，五福：一曰壽，[一]二曰富，[二]三曰康寧，[三]四曰攸好德，[四]五曰考終命。[五]六極：一曰凶、短、折，[六]二曰疾，[七]三曰憂，[八]四曰貧，[九]五曰惡，[一〇]六曰弱。"[一一]

[一]百二十年。

[二]財豐備。

[三]無疾病。

[四]所好者德，福之道。

[五]各成其短長之命以自終，不橫夭。

[六]動不遇吉。短，未六十。折，未三十。言辛苦。

[七]常抱疾苦。

[八]多所憂。

[九]困於財。

[一〇]醜陋。

[一一]尪劣。

分　器

　　武王既勝殷，邦諸侯，班宗彝，^[一]作《分器》。^[二]

[一] 賦宗廟彝器酒罇，賜諸侯。
[二] 言諸侯尊卑各有分也。亡。

旅獒第七

西旅獻獒。[一]太保作《旅獒》。[二]

[一]西戎遠國貢大犬。
[二]召公陳戒。

旅獒 [一]

惟克商，遂通道于九夷八蠻，[二]西旅底貢厥獒。[三]太保乃作《旅獒》，用訓于王。[四]

[一]因獒而陳道義。
[二]四夷慕化，貢其方賄。九、八，言非一。皆通道路，無遠不服。
[三]西戎之長[一]，致貢其獒。犬高四尺曰獒，以大爲異。
[四]陳貢獒之義，以訓諫王。

曰：“嗚呼，明王慎德，四夷咸賓。[一]無有遠邇，畢獻方物，惟服食器用。[二]王乃昭德之致于異姓之邦，無替厥服。[三]分寶玉于伯叔之國，時庸展親。[四]

[一]言明王慎德以懷遠，故四夷皆賓服。
[二]天下萬國無有遠近，盡貢其方土所生之物，惟可以供服食

〔一〕 西戎之長 “戎”，阮本作“旅”。

器用者。言不爲耳目華侈。

［三］德之所致。謂遠夷之貢，以分賜異姓諸侯，使無廢其職。

［四］以寶玉分同姓之國，是用誠信其親親之道。

“人不易物，惟德其物。^{［一］}德盛不狎侮。^{［二］}狎侮君子，
罔以盡人心。^{［三］}狎侮小人，罔以盡其力。^{［四］}不役耳目，
百度惟貞。^{［五］}玩人喪德，玩物喪志。^{［六］}志以道寧，言以
道接。^{［七］}不作無益害有益，功乃成。不貴異物賤用物，民
乃足。^{［八］}犬馬非其土性不畜。^{［九］}珍禽奇獸，不育于國。^{［一○］}
不寶遠物，則遠人格。^{［一一］}所寶惟賢，則邇人安。^{［一二］}

［一］言物貴由人，有德則物貴，無德則物賤。所貴在於德。

［二］盛德必自敬，何狎易侮慢之有。

［三］以虛受人，則人盡其心矣。

［四］以悅使民，民忘其勞，則力盡矣。

［五］言不以聲色自役，則百度正。

［六］以人爲戲弄則喪其德，以器物爲戲弄則喪其志。

［七］在心爲志，發氣爲言，皆以道爲本，故君子勤道。

［八］遊觀爲無益，奇巧爲異物。言明王之道，以德義爲益、器
　　用爲貴，所以化俗生民^{〔一〕}。

［九］非此土所生不畜，以不習其用。

［一○］皆非所用，有損害故。

［一一］不侵奪其利，則來服矣。

〔一〕所以化俗生民　“俗”，阮本作“治”。

［一二］寶賢任能則近人安[一]。近人安則遠人安矣。

　　"嗚呼，夙夜罔或不勤，[一]不矜細行，終累大德。[二]
爲山九仞，功虧一簣。[三]允迪茲，生民保厥居，惟乃世
王。"[四]

［一］言當早起夜寐，常勤於德。

［二］輕忽小物，積害毀大。故君子慎其微。

［三］八尺曰仞，喻向成也。未成一簣，猶不爲山，故曰功虧一
　　　簣。是以聖人乾乾日昃，慎終如始。

［四］言其能信蹈行此誡，則生人安其居，天子乃世世王天下。
　　　武王雖聖，猶設此誡，況非聖人，可以無誡乎？其不免於
　　　過，則亦宜矣。

〔一〕寶賢任能則近人安　"任"，阮本作"生"。

旅 巢 命

巢伯來朝，^[一]芮伯作《旅巢命》。^[二]

[一] 殷之諸侯，伯爵也。南方遠國。武王克商，慕義來朝。

[二] 芮伯，周同姓，圻內之國，爲卿大夫，陳威德以命巢。亡。

金縢第八

武王有疾，周公作《金縢》。[一]

[一] 爲請命之書，藏之於匱，緘之以金，不欲人開之。

金縢[一]

既克商二年，王有疾，弗豫。[二]二公曰：“我其爲王穆卜。”周公曰：“未可以戚我先王。”[三]公乃自以爲功，[四]爲三壇同墠，[五]爲壇於南方，北面。周公立焉，[六]植璧秉珪，乃告太王、王季、文王。[七]

[一] 遂以所藏爲篇名。

[二] 伐紂明年，武王有疾，不悦豫。

[三] 穆，敬。戚，近也。召公、太公言王疾，當敬卜吉凶。周公言未可以死近我先王。相順之辭。

[四] 周公乃自以請命爲己事。

[五] 因太王、王季、文王請命於天，故爲三壇。壇築土，墠除地。大除地，於中爲三壇。

[六] 立壇上，對三王。

[七] 璧以禮神。植，置也。置於三王之坐。周公秉桓圭以爲贄[一]。告謂祝辭。

〔一〕 周公秉桓圭以爲贄　“圭”，八行本、阮本作“珪”。

　　史乃册祝曰："惟爾元孫某，遘厲虐疾。[一]若爾三王，是有丕子之責于天，以旦代某之身。[二]予仁若考，能多材多藝，能事鬼神。[三]乃元孫不若旦多材多藝，不能事鬼神。乃命于帝庭，敷佑四方，[四]用能定爾子孫于下地，四方之民，罔不祗畏。[五]嗚呼，無墜天之降寶命，我先王亦永有依歸。[六]今我即命于元龜，[七]爾之許我，我其以璧與珪歸，俟爾命。[八]爾不許我，我乃屏璧與珪。"[九]

　　[一]史爲册書祝辭也。元孫，<u>武王</u>。某，名。臣諱君，故曰某。厲，危。虐，暴也。

　　[二]丕子之責[一]，謂疾不可救於天，則當以旦代之[二]。死生有命，不可請代。聖人敘臣子之心，以垂世教。

　　[三]我<u>周公</u>仁能順父，又多材多藝，能事鬼神。言可以代<u>武王</u>之意。

　　[四]汝元孫受命于天庭，爲天子，布其德教，以佑助四方。言不可以死。

　　[五]言<u>武王</u>用受命帝庭之故，能定先人子孫於天下，四方之民，無不敬畏。

　　[六]歎惜<u>武王</u>，言不救則墜天之寶命，救之則先王長有依歸。

　　[七]就受三王之命於大龜，卜知吉凶。

　　[八]許，謂疾瘳待命，當以事神。

　　[九]不許，謂不愈也。屏，藏也。言不得事神。

　　乃卜三龜，一習吉。[一]啓籥見書，乃并是吉。[二]公曰：

〔一〕　丕子之責　"丕"，八行本、阮本作"太"。
〔二〕　則當以旦代之　"代"，底本作"伐"，據八行本、阮本改。

"體，王其罔害。^[三]予小子新命于三王，惟永終是圖。^[四]茲攸俟，能念予一人。"^[五]公歸，乃納冊于金縢之匱中，王翼日乃瘳。^[六]

〔一〕習，因也。以三王之龜卜，一相因而吉。

〔二〕三兆既同，吉。開籥見占兆書，乃亦并是吉。

〔三〕公視兆曰，如此兆體，王其無害。言必愈。

〔四〕周公言：我小子新受三王之命，<u>武王</u>惟長終，是謀<u>周</u>之道。

〔五〕言<u>武王</u>愈。此所以待，能念我天子事，成<u>周</u>道。

〔六〕從壇歸。翼，明。瘳，差也。

　　<u>武王</u>既喪，<u>管叔</u>及其群弟乃流言於國，^[一]曰："公將不利於孺子。"^[二]<u>周公</u>乃告二公曰："我之弗辟，我無以告我先王。"^[三]<u>周公</u>居東，二年，則罪人斯得。^[四]于後，公乃為詩以貽王，名之曰《鴟鴞》。王亦未敢誚公。^[五]

〔一〕<u>武王</u>死，<u>周公</u>攝政。其弟<u>管叔</u>及<u>蔡叔</u>、<u>霍叔</u>乃放言於國，以誣<u>周公</u>，以惑<u>成王</u>。

〔二〕三叔以<u>周公</u>大聖，有次立之勢，遂生流言。孺，稚也。稚子，<u>成王</u>。

〔三〕辟，法也。告<u>召公</u>、<u>太公</u>，言我不以法法三叔，則我無以成<u>周</u>道，告我先王。

〔四〕<u>周公</u>既告二公，遂東征之。二年之中，罪人此得。

〔五〕<u>成王</u>信流言而疑<u>周公</u>，故<u>周公</u>既誅三監而作詩，解所以宜誅之意以遺王。王猶未悟，故欲讓公而未敢。

　　秋，大熟，未穫。天大雷電以風，^[一]禾盡偃，大木斯拔。邦人大恐。^[二]王與大夫盡弁，以啓金縢之書，^[三]乃得周公所自以爲功代武王之説。^[四]二公及王乃問諸史與百執事，^[五]對曰：“信。噫。公命我勿敢言。”^[六]王執書以泣，曰：“其勿穆卜。^[七]昔公勤勞王家，惟予沖人弗及知。^[八]今天動威以彰周公之德，^[九]惟朕小子其新逆，我國家禮亦宜之。”^[一〇]王出郊，天乃雨，反風，禾則盡起。^[一一]二公命邦人，凡大木所偃，盡起而築之。歲則大熟。^[一二]

[一] 二年秋也。“蒙，恒風若”，雷以威之，故有風雷之異。

[二] 風災所及，邦人皆大恐。

[三] 皮弁質服以應天。

[四] 所藏請命冊書本。

[五] 二公倡王啓之，故先見書。史、百執事，皆從周公請命。

[六] 史、百執事言，信有此事，周公使我勿道。今言之則負周公。噫，恨辭。

[七] 本欲敬卜吉凶，今天意可知，故止之。

[八] 言己幼童^{〔一〕}，不及知周公昔日忠勤。

[九] 發雷風之威，以明周公之聖德。

[一〇] 周公以成王未寤，故留東未還。改過自新，遣使者迎之，亦國家禮有德之宜。

[一一] 郊以玉幣謝天，天即反風起禾。明郊之是。

[一二] 木有偃，拔起而立之，築有其根。桑果無虧，百穀豐熟。周公之德，此已上，《大誥》後，因武王喪，并見之。^{〔二〕}

〔一〕 言己幼童　“幼童”，阮本作“童幼”。

〔二〕 大誥後因武王喪并見之　此九字底本無，據八行本、阮本補。

大誥第九

　　<u>武王</u>崩，三監及<u>淮夷</u>叛。^[一]<u>周公相成王</u>，將黜<u>殷</u>，作《大誥》。^[二]

[一]三監，<u>管</u>、<u>蔡</u>、<u>商</u>。淮夷，<u>徐</u>、<u>奄</u>之屬，皆叛<u>周</u>。

[二]相謂攝政。黜，絶也。將以誅叛者之義，大誥天下。

大誥^[一]

　　王若曰："猷，大誥爾多邦，越爾御事。^[二]弗弔，天降割于我家不少，^[三]延洪惟我幼沖人，^[四]嗣無疆大歷服，弗造哲迪民康，^[五]矧曰其有能格知天命？^[六]已，予惟小子，若涉淵水，予惟往求朕攸濟，^[七]敷賁，敷前人受命，茲不忘大功。^[八]予不敢閉于天降威用。^[九]寧王遺我大寶龜，紹天明，即命。^[一〇]

[一]陳大道以誥天下，遂以名篇。

[二]<u>周公</u>稱<u>成王</u>命，順大道以告天下衆國^{〔一〕}，及於御治事者，盡及之。

[三]言<u>周</u>道不至，故天下凶害於我家不少。謂三監、<u>淮夷</u>並作難。

[四]凶害延大，惟累我幼童人<u>成王</u>。言其不可不誅之意。

[五]言子孫承繼祖考無窮大數，服行其政，而不能爲智道以安

─────────

〔一〕順大道以告天下衆國　"告"，<u>阮</u>本作"誥"。

188

人，故使叛。先自責。

[六] 安人且猶不能，況其有能至知天命者乎?

[七] 已，發端歎辭也。我惟小子，承先人之業，如涉淵水〔一〕，往
求我所以濟渡。言祗懼。

[八] 前人，文、武也。我求濟渡，在布行大道，在布陳文、武
受命，在此不忘大功。言任重。

[九] 天下咸用，謂誅惡也。言我不敢閉絕天所下咸用而不行，
將欲伐四國。

[一〇] 安天下之王，謂文王也。遺我大寶龜，疑則卜之，以繼
天明，就其命而言之〔二〕。言卜不可違。

　　"曰：'有大艱于西土，西土人亦不靜，越茲蠢。'〔一〕
殷小腆，誕敢紀其叙。〔二〕天降威，知我國有疵，〔三〕民不
康，曰：'予復。'反鄙我周邦。〔四〕今蠢，今翼日，民獻
有十夫予翼，以于敉寧武圖功。〔五〕我有大事，休，朕、卜
并吉。〔六〕

[一] 曰，語更端也。四國作大難於京師，西土人亦不安，於此
蠢動。

[二] 言殷後小腆腆之祿父，大敢紀其王業，欲復之。

[三] 天下威，謂三叔流言，故祿父知我周國有疵病。

[四] 祿父言：我殷當復。欺惑東國人，令不安，反鄙易我周家。
道其罪無狀。

〔一〕 如涉淵水　"如"，阮本作"若"。
〔二〕 就其命而言之　"言"，八行本作"行"。

〔五〕今天下蠢動。今之明日，四國人賢者有十夫來翼佐我周，用撫安武事，謀立其功。言人事先應。

〔六〕大事，戎事也。人謀既從，卜又并吉，所以爲美。

"肆予告我友邦君，越尹氏、庶士、御事，^{〔一〕}曰：'予得吉卜，予惟以爾庶邦，于伐殷逋播臣。'^{〔二〕}爾庶邦君，越庶士、御事，罔不反曰：'艱大，^{〔三〕}民不靜，亦惟在王宮邦君室。^{〔四〕}越予小子考翼，不可征，王害，不違卜。'^{〔五〕}

〔一〕以美，故告我友國諸侯，及於王官尹氏^{〔一〕}、卿大夫衆士、御治事者。言謀及之。

〔二〕用汝衆國往伐殷逋亡之臣。謂祿父。

〔三〕汝衆國上下無不反曰^{〔二〕}：征伐四國爲大難。敍其情以戒之。

〔四〕言四國不安，亦在天子諸侯教化之過。自責不能綏近以及遠。

〔五〕於我小子先卜，敬成周道。若謂今四國不可征，則王室有害，故宜從卜。

"肆予沖人，永思艱，曰：嗚呼，允蠢鰥寡，哀哉。^{〔一〕}予造天役遺大，投艱于朕身。^{〔二〕}越予沖人，不卬自恤。義爾邦君，越爾多士、尹氏、御事，^{〔三〕}綏予曰：'無毖于恤，不可不成乃寧考圖功。'^{〔四〕}

〔一〕及於王官尹氏 "王"，八行本、阮本作"正"。

〔二〕汝衆國上下無不反曰 "上"，底本作"上"，據八行本、阮本改。

［一］故我童人成王，長思此難而歎曰：信蠢動天下，使無妻無夫者受其害，可哀哉。

［二］我周家爲天下役事，遺我甚大，投此艱難於我身。言不得已。

［三］言征四國於我童人不惟自憂而已，乃欲施義於汝衆國君臣上下，至御治事者。

［四］汝衆國君臣當安勉我曰：無勞於憂，不可不成汝寧祖聖考文、武所謀之功。責其以善言之助〔一〕。

"已。予惟小子，不敢替上帝命。〔一〕天休于寧王，興我小邦周，寧王惟卜用，克綏受茲命。〔二〕今天其相民，矧亦惟卜用。〔三〕嗚呼，天明畏，弼我丕丕基。"〔四〕

［一］不敢廢天命。言卜吉，當必征之。

［二］言天美文王興周者，以文王惟卜之用，故能安受此天命。明卜宜用。

［三］人獻十夫，是天助民，況亦用卜乎？吉可知矣。亦，言文王〔二〕。

［四］歎天之明德可畏，輔成我大大之基業。言卜不可違也。

王曰："爾惟舊人，爾丕克遠省，爾知寧王若勤哉。〔一〕天閟毖我成功所，予不敢不極卒寧王圖事。〔二〕肆予大化誘我友邦君，〔三〕天棐忱辭，其考我民。〔四〕予曷其不于前寧

〔一〕　責其以善言之助　"之助"，八行本作"助之"。

〔二〕　言文王　"言"，八行本、阮本作"亦"。

人圖功攸終？^[五]天亦惟用勤毖我民，若有疾，^[六]予曷敢不于前寧人攸受休畢？"^[七]

[一] 特命久老之人知文王故事者，大能遠省識古事，汝知文王若彼之勤勞哉。目所親見，法之又明。

[二] 毖，慎也。言天慎勞我周家成功所在，我不敢不極盡文王所謀之事^[一]。謂致太平。

[三] 我欲極盡文王所謀，故大化天下，道我友國諸侯。

[四] 言我周家有大化誠辭，爲天所輔，其成我民矣。

[五] 我何其不於前文王安人之道謀立其功所終乎？

[六] 天亦勞慎我民，欲安之。如人有疾，欲已去之^[二]。

[七] 天欲安民，我何敢不於前文王所受美命終畢之？

王曰："若昔朕其逝，朕言艱日思。^[一]若考作室，既厎法，厥子乃弗肯堂，矧肯構？^[二]厥父菑，厥子乃弗肯播，矧肯穫？^[三]厥考翼，其肯曰'予有後，弗棄基'？^[四]肆予曷敢不越卬敉寧王大命？^[五]若兄考，乃有友伐厥子，民養其勸弗救？"^[六]

[一] 順古道，我其往東征矣。我所言國家之難備矣，日思念之。

[二] 以作室喻治政也。父已致法，子乃不肯爲堂基，況肯構立屋乎？不爲其易，則難者可知。

[三] 又以農喻。其父已菑耕其田，其子乃不肯播種，況肯收穫乎？

〔一〕 我不敢不極盡文王所謀之事　"王"，底本作"五"，據八行本、阮本改。

〔二〕 欲已去之　"去"，底本作"云"，據八行本、阮本改。

〔四〕其父敬事創業，而子不能繼成其功。其肯言，我有後，不
　　　棄我基業乎？今不征〔一〕，是棄之。

〔五〕作室、農人猶惡棄基，故我何敢不於今日撫循文王大命以
　　　征逆乎〔二〕？

〔六〕若兄弟父子之家，乃有朋友來伐其子，民養其勸心不救
　　　者〔三〕，以子惡故。以此四國將誅而無救者，罪大故。

　　王曰：“嗚呼，肆哉，爾庶邦君，越爾御事。〔一〕爽邦
由哲，亦惟十人，迪知上帝命。〔二〕越天棐忱，爾時罔敢易
法，矧今天降戾于周邦？〔三〕惟大艱人，誕鄰胥伐于厥室，
爾亦不知天命不易。〔四〕

〔一〕歎今伐四國必克之，故以告諸侯及臣下御治事者。

〔二〕言其故，有明國事、用智道十人蹈知天命。謂人獻十夫來
　　　佐周。

〔三〕於天輔誠，汝天下是知無敢易天法，况今天下罪於周，使
　　　四國叛乎？

〔四〕惟大為難之人，謂三叔也。大近相伐於其室家，謂叛逆也。
　　　若不早誅，汝天下亦不知天命之不易也。

　　“予永念曰‘天惟喪殷’。若穡夫，予曷敢不終朕
畝？〔一〕天亦惟休于前寧人，予曷其極卜，敢弗于從。〔二〕

〔一〕今不征　“征”，阮本作“正”。

〔二〕故我何敢……以征逆乎　“文”，底本作“女”，據八行本、阮本改。

〔三〕民養其勸心不救者　“心”，阮本脱。

率寧人有指疆土，矧今卜并吉。^[三]肆朕誕以爾東征。天命
不僭，卜陳惟若茲。"^[四]

[一] 稼穡之夫，除草養苗。我長念天亡殷惡主，亦猶是矣。我
　　何敢不順天終竟我墾畝乎？言當滅殷。

[二] 天亦惟美于文王受命^{〔一〕}，我何其極卜法，敢不於從？言必
　　從也。

[三] 循文王所有指意以安疆土則善矣，况今卜并吉乎？言不可
　　不從。

[四] 以卜吉之故，大以汝衆東征四國。天命不僭差，卜兆陳列
　　惟若此吉，必克之。不可不勉。

〔一〕 天亦惟美于文王受命　"于"，底本作"干"，據八行本、阮本改。

微子之命第十 〔一〕

成王既黜殷命，殺武庚，〔一〕命微子啓代殷後，〔二〕作《微子之命》。〔三〕

[一] 一名祿父。

[二] 啓知紂必亡而奔周，命爲宋公，爲湯後。

[三] 封命之書。

　微子之命 〔一〕

王若曰："猷。殷王元子〔二〕。〔二〕惟稽古，崇德象賢。〔三〕統承先王，修其禮物，〔四〕作賓于王家，與國咸休，永世無窮。〔五〕嗚呼，乃祖成湯，克齊聖廣淵。〔六〕皇天眷佑，誕受厥命。〔七〕撫民以寬，除其邪虐。〔八〕功加于時，德垂後裔。〔九〕爾惟踐修厥猷，舊有令聞，〔一〇〕恪慎克孝，肅恭神人。予嘉乃德，曰篤不忘。〔一一〕

[一] 稱其本爵以名篇。

[二] 微子，帝乙元子，故順道本而稱之。

[三] 惟考古典，有尊德象賢之義。言今法之。

[四] 言二王之後各修其典禮、正朔、服色，與時王並通三統。

[五] 爲時王賓客，與時皆美，長世無竟。

〔一〕 底本缺此篇，以八行本經傳補入，校以阮本。"周書　孔氏傳"，八行本無，依底本例補。

〔二〕 殷王元子 "元"，八行本筆畫缺損，阮本作 "元"。

195

〔六〕言汝祖成湯，能齊德聖達廣大深遠，澤流後世。

〔七〕大天眷顧湯，佑助之，大受其命。謂天命。

〔八〕撫民以寬政，放桀邪虐。湯之德〔一〕。

〔九〕言湯立功加於當時〔二〕，德澤垂及後世。裔，末也。

〔一○〕汝，微子。言能踐湯德，久有善譽，昭聞遠近〔三〕。

〔一一〕言微子敬慎能孝、嚴恭神人，故我善汝德，謂厚不可忘。

"上帝時歆，下民祇協。庸建爾于上公，尹茲東夏。〔一〕欽哉。往敷乃訓，慎乃服命，率由典常，以蕃王室。〔二〕弘乃烈祖，律乃有民，永綏厥位，毗予一人。〔三〕世世享德，萬邦作式，〔四〕俾我有周無斁。〔五〕嗚呼，往哉惟休，無替朕命。"〔六〕

〔一〕孝恭之人，祭祀則神歆享，施令則人敬和。用是封立汝於
　　　上公之位，正此東方華夏之國。宋在京師東。

〔二〕敬哉，敬其為君之德。往臨人布汝教訓，慎汝祖服命數，
　　　循用舊典，無失其常，以蕃屏周室。戒之。

〔三〕大汝烈祖成湯之道，以法度齊汝所有之人，則長安其位，
　　　以輔我一人。言上下同榮慶。

〔四〕言微子累世享德，不忝厥祖，雖同公侯，而特為萬國法式。

〔五〕汝世世享德，則使我有周好汝無斁〔四〕。

〔六〕歆其德，遣往之國。言當惟為美政，無廢我命。

歸　禾

　　唐叔得禾，異畝同穎，[一]獻諸天子。[二]王命唐叔歸周公于東，[三]作《歸禾》。[四]

[一] 唐叔，成王母弟。食邑內得異禾也。畝，壟。穎，穗也。
　　禾各生一壟而合爲一穗。

[二] 拔而貢之。

[三] 異畝同穎，天下和同之象，周公之德所致。周公東征未還，
　　故命唐叔以禾歸周公。唐叔後封晉。

[四] 亡。

嘉　禾

　周公既得命禾，旅天子之命，[一]作《嘉禾》。[二]

[一]已得唐叔之禾，遂陳成王歸禾之命，而推美成王。善則
　　稱君。

[二]天下和同，政之善者。故周公作書，以善禾名篇，告天
　　下。亡。

尚書卷第八　周書

尚書卷第八　周書

孔　氏　傳

康誥第十一

成王既伐管叔、蔡叔，^[一]以殷餘民封康叔。^[二]作《康誥》《酒誥》《梓材》。

[一] 滅三監。

[二] 以三監之民國康叔爲衛侯。周公懲其數叛，故使賢母弟主之。

康誥^[一]

惟三月哉生魄，^[二]周公初基，作新大邑于東國洛。四方民大和會。^[三]侯、甸、男邦、采、衛，百工播民和，見士于周。^[四]周公咸勤，乃洪大誥治。^[五]

[一] 命康叔之誥。康，圻內國名。叔，封字。

[二] 周公攝政七年三月始生魄，月十六日，明消而魄生。

[三] 初造基，建作王城大都邑於東國洛汭，居天下土中，四方之民大和悅而集會。

[四] 此五服諸侯，服五百里。侯服去王城千里，甸服千五百里，男服去王城二千里，采服二千五百里，衛服三千里，與

《禹貢》異制。五服之百官播率其民和悅，並見即事於周。

[五] 周公皆勞勉五服之人，遂乃因大封命，大誥以治道。

王若曰："孟侯，朕其弟，小子封。[一] 惟乃丕顯考文王，克明德慎罰，[二] 不敢侮鰥寡，庸庸，祇祇，威威，顯民。[三] 用肇造我區夏，越我一二邦以修。[四] 我西土惟時怙冒，聞于上帝，帝休。[五] 天乃大命文王殪戎殷，誕受厥命，[六] 越厥邦厥民，惟時叙。[七] 乃寡兄勖，肆汝小子封，在茲東土。"[八]

[一] 周公稱成王命，順康叔之德，命為孟侯。孟，長也。五侯之長，謂方伯，使康叔為之。言王使我命其弟封。封，康叔名。稱小子，明當受教訓。

[二] 惟汝大明父文王，能顯用俊德，慎去刑罰，以為教首。

[三] 惠恤窮民，不慢鰥夫寡婦。用可用，敬可敬，刑可刑，明此道以示民。

[四] 用此明德慎罰之道，始為政於我區域諸夏，故於我一二邦皆以修治。

[五] 我西土岐周惟是怙恃文王之道，故其政教冒被四表，上聞于天，天美其治。

[六] 天美文王，乃大命之殺兵殷，大受其王命。謂三分天下有其二，以授武王。

[七] 於其國於其民，惟是次叙[一]。皆文王教。

[八] 汝寡有之兄武王，勉行文王之道，故汝小子封得在此東土

─────────

〔一〕 惟是次叙 "叙"，阮本作"序"。

爲諸侯。

王曰："嗚呼，封，汝念哉。^[一]今民將在祗遹乃文考，紹聞衣德言。^[二]往敷求于殷先哲王，用保乂民。^[三]汝丕遠惟商耇成人，宅心知訓。^[四]別求聞由古先哲王，用康保民。^[五]弘于天，若德裕乃身，不廢在王命。"^[六]

［一］念我所以告汝之言。

［二］今治民將在敬循汝文德之父，繼其所聞，服行其德言，以
　　　爲政教。

［三］汝往之國，當布求殷先智王之道，用安治民。

［四］汝當大遠求商家耇老成人之道，常以居心，則知訓民。

［五］又當別求所聞父兄用古先智王之道，用其安者以安民。

［六］大于天，爲順德，則不見廢，常在王命。

王曰："嗚呼，小子封，恫瘝乃身，敬哉。^[一]天畏棐忱，民情大可見，小人難保。^[二]往盡乃心，無康好逸豫，乃其乂民。^[三]我聞曰：'怨不在大，亦不在小。惠不惠，懋不懋。'^[四]已。汝惟小子，乃服惟弘王，應保殷民，^[五]亦惟助王宅天命，作新民。"^[六]

［一］恫，痛。瘝，病。治民務除惡政，當如痛病在汝身，欲去
　　　之，敬行我言。

［二］天德可畏，以其輔誠。人情大可見，以小人難安。

［三］往當盡汝心爲政，無自安好逸豫寬身，其乃治民。

［四］不在大，起於小。不在小，小至於大。言怨不可爲，故當

使不順者順，不勉者勉。

[五] 已乎。汝惟小子，乃當服行德政，惟弘大王道，上以應天，下以安我所受殷民衆〔一〕。

[六] 弘王道，安殷民，亦所以惟助王者居順天命，爲民日新之教。

王曰："嗚呼，封，敬明乃罰。〔一〕人有小罪非眚，乃惟終自作不典式爾。〔二〕有厥罪小，乃不可不殺。乃有大罪，非終，乃惟眚災適爾。既道極厥辜，時乃不可殺。"〔三〕

[一] 歎而勅之。凡行刑罰，汝必敬明之。欲其重慎。

[二] 小罪非過失，乃惟終自行之，自爲不常，用犯汝。

[三] 汝盡聽訟之理以極其罪，是人所犯亦不可殺。當以罰宥論之。

王曰："嗚呼，封，有叙，時乃大明服，〔一〕惟民其勅懋和。〔二〕若有疾，惟民其畢棄咎。〔三〕若保赤子，惟民其康乂。〔四〕非汝封刑人殺人，〔五〕無或刑人殺人。〔六〕非汝封又曰劓刵人〔二〕，〔七〕無或劓刵人。"〔八〕

[一] 歎政教有次叙，是乃治理大明，則民服。

[二] 民既服化，乃其自勅正勉爲和。

[三] 化惡爲善，如欲去疾，治之以理，則惟民其盡棄惡修善〔三〕。

〔一〕下以安我所受殷民衆 "殷"之後，八行本、阮本有"之"字。

〔二〕非汝封又曰劓刵人 "又"，底本作"乂"，據八行本、阮本改。

〔三〕則惟民其盡棄惡修善 "善"之後，八行本有"矣"字，阮本同底本。

〔四〕愛養人，如安孩兒赤子，不失其欲，惟民其皆安治。

〔五〕言得刑殺罪人。

〔六〕無以得刑殺人，而有妄刑殺非辜者。

〔七〕劓，截鼻。刵，截耳。刑之輕者，亦言所得行。

〔八〕所以舉輕以戒，爲人輕行之。

王曰："外事，汝陳時臬司師，茲殷罰有倫。"〔一〕又曰："要囚，服念五六日，至于旬時，丕蔽要囚。"〔二〕

〔一〕言外土諸侯奉王事〔一〕，汝當布陳是法，司牧其衆，及此殷家刑罰有倫理者兼用之。

〔二〕要囚，謂察其要辤以斷獄〔二〕。既得其辭，服膺思念五六日，至於十日，至於三月，乃大斷之。言必反覆思念，重刑之至也。

王曰："汝陳時臬事，罰蔽殷彝，〔一〕用其義刑義殺，勿庸以次汝封。〔二〕乃汝盡遜，曰時叙，惟曰未有遜事。〔三〕已。汝惟小子，未其有若汝封之心。朕心朕德，惟乃知。〔四〕凡民自得罪，寇攘姦宄，殺越人于貨，〔五〕暋不畏死，罔弗憝。"〔六〕

〔一〕陳是法事，其刑罰斷獄用殷家常法。謂典刑故事。

〔二〕義，宜也。用舊法典刑宜於時世者以刑殺，勿用以就汝封

〔一〕言外土諸侯奉王事　"土"，底本作"工"，據八行本、阮本改。

〔二〕謂察其要辤以斷獄　"辤"，八行本、阮本作"辭"。

之心所安。

[三] 乃使汝所行盡順，日是有次敘，惟當自謂未有順事。君子將興，自以爲不足。

[四] 已乎。他人未其有若汝封之心。言汝心最善，我心我德〔一〕，惟汝所知。欲其明成王所以命己之款心。

[五] 凡民用得罪，爲寇盜攘竊姦宄，殺人顛越人，於是以取貨利。

[六] 暋，強也。自強爲惡而不畏死，人無不惡之者。言當消絕之。

王曰："封，元惡大憝，矧惟不孝不友。〔一〕子弗祇服厥父事〔二〕，大傷厥考心。〔二〕于父不能字厥子，乃疾厥子。〔三〕于弟弗念天顯，乃弗克恭厥兄。〔四〕兄亦不念鞠子哀，大不友于弟。〔五〕惟弔茲，不于我政人得罪，〔六〕天惟與我民彝大泯亂，〔七〕曰乃其速由文王作罰，刑茲無赦。〔八〕

[一] 大惡之人，猶爲人所大惡，況不善父母、不友兄弟者乎？言人之罪惡，莫大於不孝不友。

[二] 爲人子，不能敬身服行父道，而怠忽其業，大傷其父心，是不孝。

[三] 於爲人父，不能字愛其子，乃疾惡其子，是不慈。

[四] 於爲人弟，不念天之明道，乃不能恭事其兄，是不恭。

[五] 爲人兄〔三〕，亦不念稚子之可哀，大不篤友于弟，是不友。

〔一〕 我心我德 "德"，阮本作"心"。

〔二〕 子弗祇服厥父事 "祇"，阮本作"祇"。

〔三〕 爲人兄 "人"，底本作"天"，據八行本、阮本改。

［六］惟人至此不孝不慈、不友不恭〔一〕，不於我執政之人得罪乎？
　　　　道教不至所致。

［七］天與我民五常，使父義、母慈、兄友、弟恭、子孝，而廢
　　　　棄不行，是大滅亂天道。

［八］言當速用<u>文王</u>所作違教之罰，刑此亂五常者，無得赦。

　　“不率大戛，矧惟外庶子訓人，〔一〕惟厥正人，越小臣、
諸節。〔二〕乃別播敷，造民大譽。弗念弗庸，瘝厥君，時
乃引惡，惟朕憝。〔三〕已。汝乃其速由茲義率殺，亦惟君惟
長。〔四〕不能厥家人，越厥小臣、外正，惟威惟虐，大放王
命，乃非德用乂。〔五〕汝亦罔不克敬典，乃由裕民，惟<u>文王</u>
之敬忌。〔六〕乃裕民曰：‘我惟有及。’則予一人以懌。”〔七〕

［一］戛，常也。凡民不循大常之教，猶刑之無赦，況在外掌眾
　　　　子之官、主訓民者而親犯乎？

［二］惟其正官之人，於小臣、諸有符節之吏，及外庶子，其有
　　　　不循大常者，則亦在無赦之科。

［三］汝今往之國，當分別播布德教，以立民大善之譽。若不念
　　　　我言，不用我法者，病其君道，是汝長惡，惟我亦惡汝。

［四］汝乃其速用此典刑宜於時世者，循理以刑殺，則亦惟君長
　　　　之正道。

［五］為人君長而不能治其家人之道，則於其小臣、外正官之吏
　　　　並為威虐，大放棄王命，乃由非德用治之故。

［六］常事，人之所輕，故戒以無不能敬常。汝用寬民之道，當

〔一〕　不友不恭　“不”，八行本、<u>阮</u>本作“弗”。

惟念文王之所敬忌而法之〔一〕。

〔七〕汝行寬民之政曰：我惟有及於古。則我一人以此悦懌汝德。

王曰："封，爽惟民，迪吉康。〔一〕我時其惟殷先哲王德，用康乂民作求。〔二〕矧今民，罔迪不適；不迪，則罔政在厥邦。"〔三〕

〔一〕明惟治民之道而善安之。

〔二〕我是其惟殷先智王之德，用安治民，爲求等。

〔三〕治民乃欲求等殷先智王，況今民無道不之。言從教也。不以道訓之，則無善政在其國。

王曰："封，予惟不可不監，告汝德之説，于罰之行。〔一〕今惟民不靜，未戾厥心，迪屢未同。〔二〕爽惟天其罰殛我，我其不怨。〔三〕惟厥罪，無在大，亦無在多，矧曰其尚顯聞于天？"〔四〕

〔一〕我惟不可不監視古義，告汝施德之説於罰之所行。欲其勤德慎刑。

〔二〕假令今天下民不安，未定其心於周，教道屢數而未和同。設事之言。

〔三〕明惟天其以民不安罰誅我，我其不怨天。汝不治，我罰汝，汝亦不可怨我。

〔四〕民之不安，雖小邑少民猶有罰誅，不在多大，況曰不慎罰

〔一〕　當惟念文王之所敬忌而法之　"忌"，阮本作"思"。

明聞於天者乎？言罪大。

王曰："嗚呼，<u>封</u>，敬哉。無作怨，勿用非謀非彝。^[一]蔽時忱，丕則敏德。^[二]用康乃心，顧乃德，遠乃猷。^[三]裕乃以民寧，不汝瑕殄。"^[四]

[一] 言當修己以敬，無爲可怨之事，勿用非善謀、非常法。

[二] 斷行是誠道，大法敏德。信則人任焉，敏則有功。

[三] 用是誠道安汝心，顧省汝德，無令有非，遠汝謀，思爲
　　長久。

[四] 行寬政乃以民安，則我不汝罪過，不絕亡汝。

王曰："嗚呼，肆汝小子<u>封</u>，惟命不于常。^[一]汝念哉，無我殄。^[二]享，明乃服命，^[三]高乃聽，用康乂民。"^[四]

[一] 以民安，則不絕亡汝。故當念天命之不於常，汝行善則得
　　之，行惡則失之。

[二] 無絕棄我言而不念。

[三] 享有國土，當明汝所服行之命令，使可則。

[四] 高汝聽，聽先王道德之言，以安治民。

王若曰："往哉，<u>封</u>。勿替敬典，^[一]聽朕告，汝乃以<u>殷</u>民世享。"^[二]

[一] 汝往之國，勿廢所宜敬之常法。

[二] 順從我所告之言，即汝乃以<u>殷</u>民世世享國，福流後世。

酒誥第十二

酒誥[一]

王若曰："明大命于妹邦。[二]乃穆考文王，肇國在西土。[三]厥誥毖庶邦庶士，越少正、御事，朝夕曰：'祀茲酒。'[四]惟天降命，肇我民，惟元祀。[五]天降威，我民用大亂喪德，亦罔非酒惟行。[六]越小大邦用喪，亦罔非酒惟辜。[七]

[一] 康叔監殷民，殷民化紂嗜酒，故以戒酒誥。

[二] 周公以成王命誥康叔，順其事而言之，欲令明施大教命於妹國。妹，地名，紂所都朝歌以北是。

[三] 父昭子穆，文王第稱穆[一]。將言始國在西土[二]。西土，岐周之政。

[四] 文王其所告慎眾國、眾士於少正官、御治事吏，朝夕勒之：惟祭祀而用此酒。不常飲。

[五] 惟天下教命，始令我民知作酒者惟爲祭祀。

[六] 天下威罰，使民亂德，亦無非以酒爲行者。言酒本爲祭祀，亦爲亂行。

[七] 於小大之國所用喪亡，亦無不以酒爲罪也。

"文王誥教小子、有正、有事，無彝酒。[一]越庶國，

〔一〕 文王第稱穆　"第"，阮本作"弟"。

〔二〕 將言始國在西土　"在"，八行本作"於"。

飲惟祀，德將無醉。[二] 惟曰，我民迪小子，惟土物愛，厥
心臧。[三] 聰聽祖考之彝訓，越小大德，小子惟一。[四]

> [一] 小子，民之子孫也。正官、治事，謂下群吏。教之皆無常
> 飲酒。
>
> [二] 於所治衆國，飲酒惟當因祭祀，以德自將，無令至醉。
>
> [三] 文王化我民，教道子孫，惟土地所生之物皆愛惜之，則其
> 心善。
>
> [四] 言子孫皆聰聽父祖之常教，於小大之人皆念德，則子孫惟
> 專一。

　　"妹土嗣爾股肱，純其藝黍稷，奔走事厥考厥長。[一]
肇牽車牛，遠服賈，用孝養厥父母。[二] 厥父母慶，自洗腆，
致用酒。[三] 庶士有正，越庶伯君子，其爾典聽朕教。[四]
爾大克羞耇惟君，爾乃飲食醉飽。[五] 丕惟曰：爾克永觀省，
作稽中德。[六] 爾尚克羞饋祀，爾乃自介用逸。[七] 茲乃允
惟王正事之臣。[八] 茲亦惟天若元德，永不忘在王家。"[九]

> [一] 今往，當使妹土之人，繼汝股肱之教，爲純一之行。其當
> 勤種黍稷，奔走事其父兄。
>
> [二] 農功既畢，始牽車牛，載其所有，求易所無，遠行賈賣，
> 用其所得珍異，孝養其父母。
>
> [三] 其父母善子之行，子乃自絜厚〔一〕，致用酒養也。

〔一〕 子乃自絜厚　"絜"，八行本、阮本作"潔"。

〔四〕眾伯君子、長官大夫、統眾士有正者〔一〕，其汝常聽我教，勿
　　　違犯。

〔五〕汝大能進老成人之道，則爲君矣。如此汝乃飲食醉飽之道。
　　　先戒群吏以聽教，次戒康叔以君義。

〔六〕我大惟教汝曰：汝能長觀省古道，爲考中正之德，則君道
　　　成矣。

〔七〕能考中德，則汝庶幾能進饋祀於祖考矣。能進饋祀，則汝
　　　乃能自大用逸之道。

〔八〕汝能以進老成人、爲醉飽、考中德、爲用逸，則此乃信任
　　　王者正事之大臣。

〔九〕言此非但正事之臣，亦惟天順其大德而佑之，長不見忘在
　　　王家。

　　王曰："封，我西土棐徂邦君、御事、小子，尚克用<u>文
王</u>教，不腆于酒。〔一〕故我至于今，克受<u>殷</u>之命。"〔二〕

〔一〕我文王在西土，輔訓往日國君及御治事者、下民子孫，皆
　　　庶幾能用上教，不厚於酒。言不常飲。

〔二〕以不厚於酒，故我周家至于今，能受殷王之命。

　　王曰："封，我聞惟曰：在昔<u>殷</u>先哲王，迪畏天，顯小
民，〔一〕經德秉哲。自<u>成湯</u>咸至于<u>帝乙</u>，成王畏相。〔二〕惟
御事，厥棐有恭，不敢自暇自逸，〔三〕矧曰其敢崇飲？〔四〕
越在外服，侯、甸、男、衛邦伯，〔五〕越在內服，百僚庶尹，

〔一〕統眾士有正者　"眾"，阮本作"庶"。

惟亞惟服宗工，^[六]越百姓里居，^[七]罔敢湎于酒。不惟不敢，亦不暇。^[八]惟助成王德顯，越尹人祗辟^{〔一〕}。^[九]

［一］聞之於古，殷先智王，謂湯。蹈道畏天，明著小民。

［二］能常德持智，從湯至帝乙，中間之王猶保成其王道，畏敬輔相之臣，不敢爲非。

［三］惟殷御治事之臣，其輔佐畏相之君，有恭敬之德，不敢自寬暇、自逸豫。

［四］崇，聚也。自暇自逸猶不敢，況敢聚會飲酒乎？明無也。

［五］於在外國，侯服、甸服、男服、衛服國伯諸侯之長。言皆化湯畏相之德。

［六］於在內服，治事百官衆正，及次大夫服事尊官，亦不自逸。

［七］於百官族姓，及卿大夫致仕居田里者。

［八］自外服至里居，皆無敢沉湎於酒。非徒不敢，志在助君敬法，亦不暇飲酒。

［九］所以不暇飲酒，惟助其君成王道、明其德，於正人之道，必正身敬法。其身正，不令而行。

"我聞亦惟曰：在今後嗣王酗身，^[一]厥命罔顯于民，祗保越怨不易^{〔二〕}。^[二]誕惟厥縱淫泆于非彝，用燕喪威儀，民罔不盡傷心。^[三]惟荒腆于酒，不惟自息乃逸。^[四]厥心疾很，不克畏死。^[五]辜在商邑，越殷國滅無罹。^[六]弗惟德馨香，祀登聞于天，誕惟民怨。^[七]庶群自酒，腥聞在上，故天降

〔一〕　越尹人祗辟　"祗"，阮本作"祗"。
〔二〕　祗保越怨不易　"祗"，阮本作"祗"。

喪于殷，罔愛于殷，惟逸。^[八]天非虐，惟民自速辜。”^[九]

［一］嗣王，紂也。酖樂其身，不憂政事。

［二］言紂暴虐，施其政令於民，無顯明之德，所敬所安皆在於
怨，不可變易。

［三］紂大惟其縱淫泆于非常，用燕安喪其威儀，民無不蠱然痛
傷其心。

［四］言紂大厚於酒，晝夜不念自息，乃過差。

［五］紂疾很其心，不能畏死。言無忌憚。

［六］紂聚罪人在都邑而任之，於殷國滅亡無憂懼。

［七］紂不念發聞其德，使祀見享，升聞於天，大行淫虐^[一]，惟爲
民所怨咎。

［八］紂衆群臣用酒沈荒，腥穢聞在上天，故天下喪亡於殷，無
愛於殷，惟以紂奢逸故。

［九］言几爲天所亡^[二]，天非虐民，惟民行惡，自召罪。

　　王曰：“封，予不惟若茲多誥。^[一]古人有言曰：‘人無
於水監，當於民監。’^[二]今惟殷墜厥命，我其可不大監撫
于時^[三]？^[三]

［一］我不惟若此多誥汝，我親行之。

［二］古賢聖有言：人無於水監，當於民監。視水見己形，視民
行事見吉凶。

〔一〕大行淫虐　“大”，底本作“天”，據八行本、阮本改。

〔二〕言几爲天所亡　“几”，八行本、阮本作“凡”。

〔三〕我其可不大監撫于時　“大”，國圖藏八行本作“一”，足利學校藏八行本作“大”。

〔三〕今惟殷紂無道，墜失天命，我其可不大視此爲戒，撫安天
　　　下於是？

　"予惟曰：汝劼毖殷獻臣，^{〔一〕}侯、甸、男、衛，矧太
史友、內史友？^{〔二〕}越獻臣、百宗工，矧惟爾事，服休服
采？^{〔三〕}矧惟若疇圻父、薄違農父？^{〔四〕}若保宏父，定辟，
矧汝剛制于酒？^{〔五〕}

　〔一〕劼，固也。我惟告汝曰：汝當固慎殷之善臣，信用之。
　〔二〕侯、甸、男、衛之國，當慎接之，況太史、內史掌國典法
　　　所賓友乎？
　〔三〕於善臣、百尊官，不可不慎，況汝身事服行美道、服事治
　　　民乎？
　〔四〕圻父，司馬。農父，司徒。身事且宜敬慎，況所順疇咨之
　　　司馬乎？況能迫迴萬民之司徒乎？言任大。
　〔五〕宏，大也。宏父，司空。當順安之。司馬、司徒、司空、
　　　列國諸侯、三卿，慎擇其人而任之，則君道定，況汝剛斷
　　　於酒乎？

　"厥或誥曰：'群飲。'汝勿佚，^{〔一〕}盡執拘以歸于周，
予其殺。^{〔二〕}又惟殷之迪諸臣，惟工乃湎于酒，勿庸殺之，^{〔三〕}
姑惟教之，有斯明享。^{〔四〕}乃不用我教辭，惟我一人弗恤，
弗蠲乃事，時同于殺。"^{〔五〕}

　〔一〕其有誥汝曰：民群聚飲酒，不用上命，則汝收捕之，勿令
　　　失也。

〔二〕盡執拘群飲酒者以歸於京師，我其擇罪重者而殺之。

〔三〕又惟殷家蹈惡俗諸臣，惟眾官化紂日久，乃沉湎於酒，勿
　　　用法殺之。

〔四〕以其漸染惡俗，故必三申法令，且惟教之，則汝有此明訓
　　　以享國。

〔五〕汝若忽忽不用我教辭，惟我一人不憂。汝乃不潔汝政事〔一〕，
　　　是汝同於見殺之罪。

王曰："封。汝典聽朕毖，〔一〕勿辯乃司民湎于酒。"〔二〕

〔一〕汝當常聽念我所慎而篤行之。

〔二〕辯〔二〕，使也。勿使汝主民之吏湎於酒。言當正身以帥民。

<hr>

〔一〕汝乃不潔汝政事　"潔"，八行本作"絜"。
〔二〕辯　"辯"，阮本作"乃"。

梓材第十三

梓材^[一]

王曰：“封，以厥庶民暨厥臣達大家，^[二]以厥臣達王，惟邦君。^[三]汝若恒，越曰：‘我有師師。’^[四]司徒、司馬、司空、尹、旅曰：‘予罔厲殺人。’^[五]亦厥君先敬勞，肆徂厥敬勞。^[六]肆往姦宄殺人歷人，宥。^[七]肆亦見厥君事戕敗人，宥。^[八]

[一] 告康叔以爲政之道，亦如梓人治材。

[二] 言當用其眾人之賢者，與其小臣之良者，以通達卿大夫及都家之政於國。

[三] 汝當信用其臣，以通王教於民。言通民事於國，通王教於民，惟乃國君之道。

[四] 汝惟君道使順常，於是曰：我有典常之師可師法。

[五] 言國之三卿、正官、眾大夫皆順典常而曰：我無厲虐殺人之事。如此則善矣。

[六] 亦其爲君之道，當先敬勞民，故汝往治民，必敬勞來之。

[七] 以民當敬勞之故，汝往之國，又當詳察姦宄之人及殺人賊所過歷之人，有所寬宥，亦所以敬勞之。

[八] 聽訟折獄，當務從寬恕，故往治民，亦當見其爲君之事察民以過誤殘敗人者，當寬宥之。

“王啓監，厥亂爲民。^[一]曰：‘無胥戕，無胥虐，至于敬寡，至于屬婦，合由以容。’^[二]王其效邦君越御事，厥命曷以。^[三]引養引恬，自古王若茲監，罔攸辟。^[四]惟曰：
若稽田，既勤敷菑，惟其陳修，爲厥疆畎。^[五]若作室家，
既勤垣墉，惟其塗塈茨。^[六]若作梓材，既勤樸斲，惟其塗
丹雘。^[七]

[一] 言王者開置監官，其治爲民，不可不勉。

[二] 當教民無得相殘傷、相虐殺，至於敬養寡弱，至於存恤妾
　　婦，和合其教，用大道以容之，無令見寃枉。

[三] 王者其效實國君及於御治事者，知其教命所施何用，不可
　　不勤。

[四] 能長養民、長安民，用古王道如此監，無所復罪，當務之。

[五] 言爲君監民惟若農夫之考田，已勞力布發之，惟其陳列修
　　治，爲其疆畔畎壟，然後功成。以喻教化。

[六] 如人爲室家，已勤立垣墻，惟其當塗塈茨蓋之。

[七] 爲政之術，如梓人治材爲器，已勞力樸治斷削，惟其當塗
　　以漆、丹以朱，而後成以言，教化亦須禮義然後治。

　　“今王惟曰：先王既勤用明德，懷爲夾，^[一]庶邦享作，
兄弟方來，亦既用明德，^[二]后式典集，庶邦丕享。^[三]皇
天既付中國民，越厥疆土，于先王肆。^[四]王惟德用，和懌
先後迷民，用懌先王受命。^[五]已若茲監，惟曰欲至于萬年
惟王，^[六]子子孫孫永保民。”^[七]

[一] 言文、武已勤用明德，懷遠爲近，汝治國當法之。

〔二〕衆國朝享於王，又親仁善鄰爲兄弟之國，方方皆來賓服〔一〕，亦已奉用先王之明德。

〔三〕君天下能用常法，則和集衆國，大來朝享。

〔四〕大天已付周家治中國民矣，能遠拓其界壤，則於先王之道遂大。

〔五〕今王惟用德，和悦先後天下迷愚之民。先後，謂教訓所以悦先王受命之義。

〔六〕爲監所行已如此所陳法，則我周家惟欲使至於萬年，承奉王室。

〔七〕又欲令其子孫累世長居國以安民。

〔一〕　方方皆來賓服　前"方"字，阮本作"萬"。

召誥第十四

　　成王在豐，欲宅洛邑，[一]使召公先相宅，[二]作《召誥》。

[一]武王克商，遷九鼎於洛邑，欲以爲都，故成王居焉。

[二]相所居而卜之，遂以陳戒。

召誥[一]

　　惟二月既望，[二]越六日乙未，王朝步自周，則至于豐。[三]惟太保先周公相宅。[四]越若來三月，惟丙午朏。越三日戊申，太保朝至于洛，卜宅。[五]厥既得卜，則經營。[六]越三日庚戌，太保乃以庶殷攻位于洛汭。越五日甲寅，位成。[七]

[一]召公以成王新即政，因相宅以作誥。

[二]周公攝政七年二月十五日，日月相望，因紀之。

[三]於已望後六日，二十一日，成王朝行，從鎬京，則至于豐，
　　以遷都之事告文王廟。告文王，則告武王可知，以祖見考。

[四]太保，三公官名，召公也。召公於周公前相視洛居，周公
　　後往。

[五]朏，明也。月三日明生之名。於順來三月丙午朏，於朏三
　　日，三月五日，召公早朝，至於洛邑，相卜所居。

[六]其已得吉卜，則經營規度城郭、郊廟、朝市之位處。

[七]於戊申三日庚戌，以衆殷之民治都邑之位於洛水北，今河南

城也。於庚戌五日，所治之位皆成。言衆殷本其所自來[一]。

　　若翼日乙卯，周公朝至于洛，[一] 則達觀于新邑營。[二] 越三日丁巳，用牲于郊，牛二。[三] 越翼日戊午，乃社于新邑，牛一，羊一，豕一。[四] 越七日甲子，周公乃朝用書，命庶殷侯、甸、男邦伯。[五] 厥既命殷庶，庶殷丕作。[六]

[一] 周公順位成之明日，而朝至於洛汭。

[二] 周公通達觀新邑所營。言周徧。

[三] 於乙卯三日，用牲告立郊位於天，以后稷配，故二牛。后稷貶於天，有羊、豕。羊、豕不見，可知。

[四] 告立社稷之位，用太牢也。共工氏子曰句龍，能平水土，祀以爲社。周祖后稷[二]，能殖百穀，祀以爲稷。社、稷共牢。

[五] 於戊午七日甲子，是時諸侯皆會，故周公乃昧爽以賦功屬役書，命衆殷侯、甸、男服之邦伯，使就功。邦伯，方伯，即州牧也。

[六] 其已命殷衆，衆殷之民大作。言勸事。

　　太保乃以庶邦冢君出取幣[三]，乃復入，[一] 錫周公，曰："拜手稽首，旅王若公。[二] 誥告庶殷，越自乃御事。[三] 嗚呼，皇天上帝，改厥元子兹大國殷之命。[四] 惟王受命，無疆惟休，亦無疆惟恤。[五]

〔一〕　言衆殷本其所自來　"自"，八行本、阮本作"由"。

〔二〕　周祖后稷　"祖"，阮本作"祀"。

〔三〕　太保乃以庶邦冢君出取幣　"太"，阮本作"大"。

［一］諸侯、公卿並覲於王，王與周公俱至。文不見王，無事。召公與諸侯出取幣，欲因大會顯周公。

［二］召公以幣入，稱成王命，賜周公曰〔一〕：敢拜手稽首，陳王所宜順周公之事。

［三］召公指戒成王，而以眾殷諸侯於自乃御治事爲辭，謙也。諸侯在，故託焉。

［四］歎皇天改其太子，此大國殷之命。言紂雖爲天所太子，無道猶改之〔二〕。言不可不慎。

［五］所以戒成王。天改殷命，惟王受之，乃無窮惟美，亦無窮惟當憂之。

"嗚呼，曷其奈何弗敬？〔一〕天既遐終大邦殷之命，茲殷多先哲王在天，〔二〕越厥後王後民，茲服厥命。〔三〕厥終智藏瘝在。〔四〕夫知保抱攜持厥婦子，以哀籲天，徂厥亡出執。〔五〕嗚呼，天亦哀于四方民，其眷命用懋。〔六〕

［一］何其奈何不憂敬之？欲其行敬。

［二］言天已遠終殷命。此殷多先智王精神在天不能救者，以紂不行敬故。

［三］於其後王後民，謂先智王之後繼世君臣〔三〕。此服其命，言不忝。

［四］其終，後王之終，謂紂也。賢智隱藏，瘝病者在位。言無良臣。

〔一〕 賜周公曰 "賜"，阮本作 "錫"。
〔二〕 歎皇天改其太子……太子無道猶改之 兩 "太"字，阮本俱作 "大"。"猶"，阮本作 "尤"。
〔三〕 謂先智王之後繼世君臣 "臣"，阮本作 "自"。

〔五〕言困於虐政。夫知保抱其子、攜持其妻，以哀號呼天告寃無辜，往其逃亡出見執殺，無地自容，所以窮。

〔六〕民哀呼天，天亦哀之。其顧視天下有德者，命用勉敬者爲民主。

"王其疾敬德。相古先民有夏，〔一〕天迪從子保，面稽天若，今時既墜厥命。〔二〕今相有殷，〔三〕天迪格保，面稽天若，〔四〕今時既墜厥命。〔五〕今沖子嗣，則無遺壽耇。〔六〕曰其稽我古人之德，矧曰其有能稽謀自天？〔七〕

〔一〕言王當疾行敬德，視古先民有夏之王以爲法，戒之。

〔二〕夏禹能敬德，天道從而子安之，禹亦面考天心而順之，今是桀棄禹之道，天已墜其王命。

〔三〕次復觀有殷。

〔四〕言天道所以至於保安湯者，亦如禹。

〔五〕墜其王命。

〔六〕童子，言成王少，嗣位治政無遺棄老成人之言，欲其法之。

〔七〕沖子成王其考行古人之德則善矣，況曰其有能考謀從天道乎？言至善。

"嗚呼，有王雖小，元子哉。其丕能誠于小民，今休。〔一〕王不敢後用，顧畏于民碞。〔二〕王來紹上帝，自服于土中。〔三〕旦曰：其作大邑，其自時配皇天，〔四〕毖祀于上下，其自時中乂。〔五〕王厥有成命治民，今休。〔六〕

〔一〕召公歎曰：有成王雖少而大爲天所子，其大能和於小民，成今之美。勉之。

〔二〕王爲政當不敢後能用之士，必任之爲先〔一〕。畧，僭也。又當
顧畏於下民僭差禮義。能此二者，則德化立、美道成〔二〕。

〔三〕言王今來居洛邑，繼天爲治，躬自服行教化於地勢正中。

〔四〕稱周公言：其爲大邑於土中，其用是大邑配大天而
爲治〔三〕。

〔五〕爲治當慎祀于天地，則其用是土中大致治。

〔六〕用是土中致治，則王其有天之成命治民，今獲太平之美。

“王先服殷御事，比介于我有周御事。〔一〕節性，惟日
其邁。〔二〕王敬作所不可不敬德。〔三〕我不可不監于有夏，
亦不可不監于有殷。〔四〕我不敢知曰：有夏服天命，惟有歷
年。〔五〕我不敢知曰：不其延，惟不敬厥德，乃早墜厥命。〔六〕
我不敢知曰：有殷受天命，惟有歷年。〔七〕我不敢知曰：不
其延，惟不敬厥德，乃早墜厥命。〔八〕今王嗣受厥命，我亦
惟茲二國命，嗣若功。〔九〕

〔一〕召公既述周公所言，又自陳己意以終其戒。言當先服治殷
家御事之臣，使比近於我有周治事之臣。必和協，乃可一。

〔二〕和比殷、周之臣。時節其性，令不失中，則道化惟日其行。

〔三〕敬爲所不可不敬之德，則下敬奉其命矣。

〔四〕言王當視夏、殷，法其歷年，戒其不長。

〔五〕以能敬德，故多歷年數。我不敢獨知，亦王所知。

〔一〕 必任之爲先 “任”，底本作“仕”，據八行本、阮本改。

〔二〕 美道成 “成”之後，阮本有“也”字。

〔三〕 其用是大邑配大天而爲治 後“大”字，八行本、阮本作“上”。

［六］言桀不謀長久，惟以不敬其德，故乃早墜失其王命，亦王所知。

［七］夏言服，殷言受。明受而服行之，互相兼也。殷之賢王猶夏之賢王，所以歷年，亦王所知〔一〕。

［八］紂早墜其命，猶桀不敬其德，亦王所知。

［九］其夏、殷也，繼受其王命，亦惟當以此夏、殷長短之命爲監戒，繼順其功德者而法則之。

　　“王乃初服。嗚呼，若生子，罔不在厥初生，自貽哲命。［一］今天其命哲，命吉凶，命歷年。［二］知今我初服，宅新邑，肆惟王其疾敬德。［三］王其德之用，祈天永命。［四］其惟王勿以小民淫用非彝，［五］亦敢殄戮用乂民。［六］若有功，其惟王位在德元。［七］小民乃惟刑用于天下，越王顯。［八］

［一］言王新即政，始服行教化，當如子之初生，習爲善則善矣。自遺智命，無不在其初生。爲政之道亦猶是也。

［二］今天制此三命，惟人所修。修敬德則有智，則常吉，則歷年。爲不敬德則愚凶不長。雖説之，其實在人。

［三］天已知我王今初服政，居新邑洛都，故惟王其當疾行敬德。

［四］言王當其德之用，求天長命以歷年。

［五］勿用小民過用非常，欲其重民秉常。

［六］亦當果敢絶刑戮之道用治民。戒以慎罰。

［七］順行禹、湯所有成功〔二〕，則其惟王居位在德之首。

〔一〕 亦王所知 “王”，底本作“三”，據八行本、阮本改。
〔二〕 順行禹湯所有成功 “有”，阮本作“以”。

〔八〕王在德元，則小民乃惟用法於天下，言治政於王亦有光明。

"上下勤恤，其曰：我受天命，丕若有<u>夏</u>歷年，式勿替有<u>殷</u>歷年。〔一〕欲王以小民受天永命。"〔二〕

拜手稽首曰："予小臣，敢以王之讎民百君子，〔三〕越友民，保受王威命明德。〔四〕王末有成命，王亦顯。〔五〕我非敢勤，惟恭奉幣，用供王能祈天永命。"〔六〕

〔一〕言當君臣勤憂敬德，曰：我受天命，大順有<u>夏</u>之多歷年，勿用廢有<u>殷</u>歷年，庶幾兼之。

〔二〕我欲王用小民受天長命。言常有民。

〔三〕拜手，首至手。稽首，首至地。盡禮致敬以入其言。言我小臣，謙辭。敢以王之匹民百君子，治民者非一人。言民在下，自上匹之。

〔四〕言與匹民百君子於友愛民者，共安受王之威命明德奉行之。

〔五〕臣下安受王命，則王終有天成命，於王亦昭著。

〔六〕言我非敢獨勤而已，惟恭敬奉其幣帛用供待王，能求天長命，將以慶王多福，必上下勤恤，乃與小民受天永命。

尚書卷第九　周書

尚書卷第九　周書

孔　氏　傳

洛誥第十五

　　召公既相宅，周公往營成周，使來告卜，^[一]作
《洛誥》。

　　[一] 召公先相宅卜之。周公自後至，經營作之，遣使以所卜吉
　　　　兆逆告成王。

洛誥^[一]

周公拜手稽首曰："朕復子明辟。^[二]王如弗敢及天基
命定命，^[三]予乃胤保，大相東土，其基作民明辟。^[四]予
惟乙卯，朝至于洛師。^[五]我卜河朔黎水。我乃卜澗水東、
瀍水西，惟洛食。^[六]我又卜瀍水東，亦惟洛食。伻來以圖
及獻卜。"^[七]

　　[一] 既成洛邑，將致政成王，告以居洛之義。
　　[二] 周公盡禮致敬，言我復還明君之政於子。子，成王。年
　　　　二十成人，故必歸政而退老。
　　[三] 如，往也。言王往日幼少，不敢及知天始命周家安定天下

229

之命〔一〕，故己攝。

[四] 我乃繼文、武安天下之道，大相洛邑，其始爲民明君之治。

[五] 致政在冬，本其春來至洛衆，説始卜定都之意。

[六] 我使人卜河北黎水上，不吉。又卜澗、瀍之間，南近洛，
吉。今河南城也。卜必先墨畫龜，然後灼之，兆順食墨。

[七] 今洛陽也。將定下都，遷殷頑民，故并卜之。遣使以所卜
地圖及獻所卜吉兆來告成王。

王拜手稽首曰：“公不敢不敬天之休，來相宅，其作周
匹休。〔一〕公既定宅，伻來，來視予卜休恒吉。我二人共
貞。〔二〕公其以予萬億年敬天之休。”〔三〕拜手稽首誨言。〔四〕

[一] 成王尊敬周公，答其拜手稽首而受其言。述而美之。言公
不敢不敬天之美，來相宅，其作周以配天之美。

[二] 言公前已定宅，遣使來，來視我以所卜之美、常吉之居。
我與公共正其美。

[三] 公其當用我萬億年敬天之美。十千爲萬，十萬爲億。言
久遠。

[四] 成王盡禮致敬於周公，求教誨之言〔二〕。

周公曰：“王肇稱殷禮，祀于新邑，咸秩無文。〔一〕予
齊百工，伻從王于周。予惟曰：‘庶有事。’〔二〕今王即命曰：
‘記功，宗以功，作元祀。’〔三〕惟命曰：‘汝受命篤，弼丕，

〔一〕 不敢及知……天下之命 “知”，八行本作“如”。
〔二〕 求教誨之言 “求”，阮本作“來”。

視功載，乃汝其悉自教工。'〔四〕孺子其朋，孺子其朋，其往。〔五〕無若火始燄燄，厥攸灼叙，弗其絕。〔六〕厥若彝，及撫事如予，惟以在周工。〔七〕往新邑，伻嚮即有僚，明作有功，惇大成裕，汝永有辭。"〔八〕

〔一〕言王當始舉殷家祭祀，以禮典祀於新邑，皆次秩不在禮文者而祀之〔一〕。

〔二〕我整齊百官，使從王於周，行其禮典。我惟曰：庶幾有善政事。

〔三〕今王就行王命於洛邑，曰：當記人之功，尊人亦當用功大小爲序，有大功則列大祀。謂功施於民者。

〔四〕惟天命我周邦：汝受天命厚矣，當輔大天命，視群臣有功者記載之。乃汝新即政，其當盡自教衆官，躬化之。

〔五〕少子慎其朋黨，少子慎其朋黨〔二〕。戒其自今已往。

〔六〕言朋黨敗俗，所宜禁絕。無令若火始然，燄燄尚微，其所及灼然有次序，不其絕。事從微至著，防之宜以初。

〔七〕其順常道及撫國事如我所爲，惟用在周之百官。

〔八〕往行政化於新邑，當使臣下各嚮就有官，明爲有功，厚大成寬裕之德，則汝長有歡譽之辭於後世。

公曰："已。汝惟沖子惟終。〔一〕汝其敬識百辟享，亦識其有不享。享多儀，儀不及物，惟曰不享。〔二〕惟不役志于享，凡民惟曰不享，惟事其爽侮。〔三〕乃惟孺子，頒朕不

〔一〕　皆次秩不在禮文者而祀之　"文"，底本作"大"，據八行本、阮本改。
〔二〕　少子慎其朋黨　"其"，阮本無。

暇，聽朕教汝于棐民彝。^{〔四〕}汝乃是不蘉，乃時惟不永哉。^{〔五〕}篤叙乃正父，罔不若予，不敢廢乃命。^{〔六〕}汝往敬哉。茲予其明農哉。彼裕我民，無遠用戾。"^{〔七〕}

［一〕已乎！汝惟童子，嗣父祖之位，惟當終其美業。

［二〕奉上謂之享。言汝爲王，其當敬識百君諸侯之奉上者，亦識其有違上者。奉上之道多威儀，威儀不及禮物，惟曰不奉上。

［三〕言人君惟不役志於奉上，則凡人化之，惟曰不奉上矣，如此則惟政事其差錯侮慢不可治理。

［四〕我爲政常若不暇。汝惟小子^{〔一〕}，當分取我之不暇而行之，聽朕教汝於輔民之常而用之^{〔二〕}。

［五〕汝乃是不勉爲政，汝是惟不可長哉。欲其必勉爲可長。

［六〕厚次序汝正父之道而行之，無不順我所爲，則天下不敢棄汝命。常奉之。

［七〕汝往居新邑，敬行教化哉。如此，我其退老，明教農人以義哉。彼天下被寬裕之政，則我民無遠用來。言皆來。

王若曰："公，明保予沖子。^{〔一〕}公稱丕顯德，以予小子揚文、武烈，^{〔二〕}奉答天命，和恒四方民，居師。^{〔三〕}惇宗將禮，稱秩元祀，咸秩無文。^{〔四〕}惟公德明，光于上下，勤施于四方。^{〔五〕}旁作穆穆迓衡，不迷文、武勤教。^{〔六〕}予沖子夙夜毖祀。"^{〔七〕}

〔一〕汝惟小子　"惟"，阮本作"爲"。

〔二〕聽朕教……而用之　"朕"，八行本、阮本作"我"。

王曰：“公功棐迪篤，罔不若時。”〔八〕

〔一〕成王順周公意，請留之自輔。言公當明安我童子，不可
　　去之。

〔二〕言公當留，舉大明德，用我小子襃揚文、武之業而奉順天。

〔三〕又當奉當天命，以和常四方之民，居處其眾。

〔四〕厚尊大禮，舉秩大祀，皆次秩無禮文而宜在祀典者。凡此
　　待公而行〔一〕。

〔五〕言公明德光於天地，勤政施於四海。萬邦四夷服仰公德而
　　化之。

〔六〕四方旁來爲敬敬之道，以迎太平之政，不迷惑於文、武所
　　勤之教。言化治。

〔七〕言政化由公而立，我童子徒早起夜寐，慎其祭祀而已，無
　　所能。

〔八〕公之功輔道我已厚矣，天下無不順而是公之功。

王曰：“公，予小子其退，即辟于周，命公後。”〔一〕四
方迪亂，未定于宗禮，亦未克敉公功。〔二〕迪將其後，監我
士師工，〔三〕誕保文、武受民，亂爲四輔。”〔四〕

王曰：“公定，予往已。公功肅將祗歡。〔五〕公無困哉。
我惟無斁其康事〔二〕。公勿替刑，四方其世享。”〔六〕

〔一〕我小子退坐之後，便就君於周〔三〕，命立公後，公當留

〔一〕凡此待公而行　“凡”，底本作“几”，據八行本、阮本改。
〔二〕我惟無斁其康事　“康”，國圖藏八行本作“惠”，足利學校藏八行本、阮本作“康”。
〔三〕便就君於周　“便”，阮本作“使”。

233

佐我〔一〕。

〔二〕言四方雖道治，猶未定於尊禮。禮未彰，是亦未能撫順公
之大功。明不可以去。

〔三〕公留教道，將助我其今已後之政，監篤我政事衆官。委任
之言。

〔四〕大安文、武所受之民，治之，爲我四維之輔。明當依倚公。

〔五〕公留以安定我，我從公言，往至洛邑已矣。公功以進大，
天下咸敬樂公功。

〔六〕公必留，無去以困我哉〔二〕。我惟無厭其安天下事。公勿去以
廢法，則四方其世世享公之德。

周公拜手稽首曰：“王命予來，承保乃文祖受命民，〔一〕
越乃光烈考武王，弘朕恭。〔二〕孺子來相宅，其大惇典殷獻
民，〔三〕亂爲四方新辟，作周恭先。〔四〕曰其自時中乂，萬
邦咸休，惟王有成績。〔五〕予旦以多子越御事，篤前人成烈，
答其師，作周孚先。〔六〕考朕昭子刑，乃單文祖德。伻來毖
殷，乃命寧。〔七〕予以秬鬯二卣，曰明禋，拜手稽首，休
享。〔八〕予不敢宿，則禋于文王、武王。〔九〕惠篤敘，無有
遘自疾，萬年厭于乃德〔三〕，殷乃引考。〔一〇〕王伻殷乃承敘，
萬年其永觀朕子懷德。”〔一一〕

〔一〕拜而後言，許成王留。言王命我來，承安汝文德之祖文王
所受命之民。是所以不得去。

〔一〕公當留佐我 “佐”，阮本作“佑”。
〔二〕無去以困我哉 “無”，八行本作“勿”。
〔三〕萬年厭于乃德 “厭于”，阮本作“猒”。

［二］於汝大業之父武王，大使我恭奉其道。敘成王留己意。

［三］少子今所以來相宅於洛邑，其大厚行典常於殷賢人。

［四］言當治理天下，新其政化，爲四方之新君，爲周家見恭敬
　　　之主〔一〕，後世所推先也。

［五］曰其當用是土中爲治，使萬國皆被美德，如此惟王乃有
　　　成功。

［六］我旦以衆卿大夫於御治事之臣，厚率行先王成業〔二〕，當其衆
　　　心，爲周家立信者之所推先。

［七］我所成明子法，乃盡文祖之德，謂典礼也。所以居土中〔三〕，
　　　是文、武使己來慎教殷民，乃見命而安之。

［八］周公攝政七年致太平，以黑黍酒二器，明絜致敬〔四〕，告文、
　　　武，以美享。既告而致政，成王留之，本説之。

［九］言我見天下太平，則絜告文、武〔五〕，不經宿。

［一〇］汝爲政當順典常，厚行之，使有次序，無有遇用患疾之
　　　道者，則天下萬年厭於汝德〔六〕，殷乃長成爲周。

［一一］王使殷民上下相承有次序，則萬年之道，民其長觀我子
　　　孫而歸其德矣。勉使終之。

　　戊辰，王在新邑，〔一〕烝祭歲，文王騂牛一，武王騂牛
一。王命作册逸祝册，惟告周公其後。〔二〕王賓、殺禋，咸

〔一〕　爲周家見恭敬之主　“主”，八行本、阮本作“王”。

〔二〕　厚率行先王成業　“王”，底本作“主”，據八行本、阮本改。

〔三〕　所以居土中　“居”，八行本同，阮本作“君”。

〔四〕　明絜致敬　“絜”，阮本作“潔”。

〔五〕　則絜告文武　“絜”，阮本作“潔”。

〔六〕　則天下萬年厭於汝德　“厭”，阮本作“猒”。

格。王入太室裸。^[三]王命周公後，作册逸誥。^[四]在十有二月，惟周公誕保文、武受命，惟七年。^[五]

[一]成王既受周公誥，遂就居洛邑，以十二月戊辰晦到。

[二]明月，夏之仲冬，始於新邑烝祭，故曰"烝祭歲"。古者襃德賞功，必於祭日，示不專也。特加文、武各一牛^[一]。告曰尊周公，立其後爲魯侯。

[三]王賓異周公，殺牲精意以享文、武，皆至其廟親告也。大室^[二]，清廟。裸鬯告神。

[四]王爲册書，使史逸誥伯禽封命之書，皆同在烝祭日。周公拜前，魯公拜後。

[五]言周公攝政盡此。十二月，大安文、武受命之事，惟七年，天下太平。自"戊辰"以下^[三]，史所終述。

〔一〕特加文武各一牛 "一"，阮本無。

〔二〕大室 "大"，八行本、阮本作"太"。

〔三〕自戊辰以下 "以"，阮本作"已"。

多士第十六

成周既成，^[一]遷殷頑民。^[二]周公以王命誥，^[三]作《多士》。

[一] 洛陽下都。

[二] 殷大夫士心不則德義之經，故徙近王都教誨之。

[三] 稱成王命告令之。

多士^[一]

惟三月，周公初于新邑洛，用告商王士。^[二]

王若曰：“爾殷遺多士。^[三]弗弔，旻天大降喪于殷。^[四]我有周佑命，將天明威，^[五]致王罰，勑殷命，終于帝。^[六]肆爾多士，非我小國敢弋殷命，^[七]惟天不畀允罔固亂，弼我，我其敢求位？^[八]惟帝不畀，惟我下民秉爲，惟天明畏。^[九]

[一] 所告者即衆士，故以名篇。

[二] 周公致政明年三月^{〔一〕}，始於新邑洛，用王命告商王之衆士^{〔二〕}。

[三] 順其事稱以告殷遺餘衆士。所順在下。

[四] 稱天以愍下。言愍道至者，殷道不至，故旻天下喪亡於殷。

〔一〕 周公致政明年三月　“三”，國圖藏八行本作“二”，足利學校藏八行本作“三”。

〔二〕 用王命告商王之衆士　“士”，底本作“壬”，據八行本、阮本改。

237

〔五〕言我有周受天佑助之命，故得奉天明威〔一〕。

〔六〕天命周致王者之誅罰，王黜殷命〔二〕，終周於帝王。

〔七〕天佑我，故汝眾士臣服我。弋，取也。非我敢取殷王命，乃天命。

〔八〕惟天不與信無堅固治者〔三〕，故輔佐我〔四〕，我其敢求天位乎？

〔九〕惟天不與紂，惟我周家下民秉心爲我，皆是天明德可畏之效。

"我聞曰：上帝引逸。有夏不適逸，則惟帝降格。〔一〕嚮于時夏，弗克庸帝，大淫泆有辭。〔二〕惟時天罔念聞，厥惟廢元命，降致罰，〔三〕乃命爾先祖成湯革夏，俊民甸四方。〔四〕自成湯至于帝乙，罔不明德恤祀。〔五〕亦惟天丕建保乂有殷，殷王亦罔敢失，帝罔不配天其澤。〔六〕在今後嗣王，誕罔顯于天，矧曰其有聽念于先王勤家？〔七〕誕淫厥泆，罔顧于天、顯民祇。〔八〕惟時上帝不保，降若茲大喪。〔九〕惟天不畀不明厥德，凡四方小大邦喪，罔非有辭于罰。"〔一〇〕

〔一〕言上天欲民長逸樂，有夏桀爲政，不之逸樂，故天下至戒以譴告之。

〔二〕天下至戒，是嚮於時夏，不背棄。桀不能用天戒，大爲過逸之行，有惡辭聞於世。

〔一〕 故得奉天明威 "威"，底本作"滅"，據八行本、阮本改。

〔二〕 王黜殷命 "王"，八行本作"正"。

〔三〕 惟天不與信無堅固治者 "信"，阮本作"言"。

〔四〕 故輔佐我 "佐"，阮本作"佑"。

〔三〕惟是桀惡有辭，故天無所念聞。言不佑。其惟廢其大命〔一〕，
　　　下致天罰。

〔四〕天命湯更代夏，用其賢人治四方。

〔五〕自帝乙巳上〔二〕，無不顯用有德，憂念齊敬，奉其祭祀。言能
　　　保宗廟社稷。

〔六〕湯既革夏，亦惟天大立安治於殷。殷家諸王皆能憂念祭祀，
　　　無敢失天道者，故無不配天〔三〕，布其德澤。

〔七〕後嗣王紂，大無明于天道，行昏虐，天且忽之，況曰其有
　　　聽念先祖、勤勞國家之事乎？

〔八〕言紂大過其過，無顧於天，無能明人爲敬，暴亂甚。

〔九〕惟是紂惡，天不安之，故下若此大喪亡之誅。

〔一〇〕惟天不與不明其德者，故凡四方小大國喪滅，無非有辭
　　　　於天所罰。言皆有闇亂之辭。

　　王若曰："爾殷多士，今惟我周王，丕靈承帝事。〔一〕
有命曰：割殷，告勅于帝。〔二〕惟我事，不貳適，惟爾王家
我適。〔三〕予其曰，惟爾洪無度，我不爾動，自乃邑。〔四〕
予亦念天即于殷大戾，肆不正。"〔五〕

〔一〕周王，文、武也。大神奉天事，言明德恤祀。

〔二〕天有命，命周割絕殷命，告正於天。謂既克紂，柴於牧野，
　　　告天不頓兵傷士。

〔一〕　其惟廢其大命　"大"，阮本作"天"。

〔二〕　自帝乙巳上　"巳"，阮本作"以"。

〔三〕　故無不配天　"天"，底本作"大"，據八行本、阮本改。

〔三〕言天下事已之我周矣，不貳之佗〔一〕。惟汝殷王家已之我，不
　　　復有變。

〔四〕我其曰：惟汝大無法度。謂紂無道。我不先動誅汝，亂從
　　　汝邑起。言自召禍。

〔五〕我亦念天就於殷大罪而加誅者，故以紂不能正身念法。

　王曰：“猷告爾多士，予惟時其遷居西爾。〔一〕非我一
人奉德不康寧，時惟天命。〔二〕無違，朕不敢有後，無我
怨。〔三〕惟爾知，惟殷先人有冊有典，殷革夏命。〔四〕今爾
又曰：‘夏迪簡在王庭，有服在百僚。’〔五〕予一人惟聽用德，
肆予敢求爾于天邑商。〔六〕予惟率肆矜爾，非予罪，時惟天
命。”〔七〕

〔一〕以道告汝眾士。我惟汝未達德義〔二〕，是以徙居西汝於洛邑，
　　　教誨汝。

〔二〕我徙汝，非我天子奉德，不能使民安之，是惟天命宜然。

〔三〕汝無違命，我亦不敢有後誅，汝無怨我。

〔四〕言汝所親知，殷先世有冊書典籍，說殷改夏王命之意。

〔五〕簡，大也。今汝又曰：夏之眾士蹈道者，大在殷王庭，有
　　　服職在百官。言見任用。

〔六〕言我周亦法殷家，惟聽用有德，故我敢求汝於天邑商。將
　　　任用之。

〔七〕惟我循殷故事，憐愍汝，故徙教汝，非我罪咎，是惟天命。

〔一〕 不貳之佗　“佗”，八行本作“他”。

〔二〕 我惟汝未達德義　“惟”，底本作“椎”，據八行本、阮本改。

　　王曰：“多士，昔朕來自奄。予大降爾四國民命。[一]
我乃明致天罰，移爾遐逖，比事臣我宗，多遜。”[二]

　　[一]昔我來從奄，謂先誅三監，後伐奄淮夷[一]。民命，謂君也。
　　　　大下汝民命，謂誅四國君。
　　[二]四國君叛逆，我下其命，乃所以明致天罰。今移徙汝於洛
　　　　邑，使汝遠於惡俗[二]，比近臣我宗周，多爲順道。

　　王曰：“告爾殷多士，今予惟不爾殺，予惟時命有
申。[一]今朕作大邑于茲洛，予惟四方罔攸賓，[二]亦惟爾
多士攸服奔走臣我，多遜。[三]爾乃尚有爾土，爾乃尚寧幹
止。[四]爾克敬，天惟畀矜爾。[五]爾不克敬，爾不啻不有
爾土[三]，予亦致天之罰于爾躬。[六]今爾惟時宅爾邑，繼爾
居，爾厥有幹有年于茲洛。[七]爾小子乃興從爾遷。”[八]
　　王曰，又曰：“時予乃或言爾攸居。”[九]

　　[一]所以徙汝，是我不欲殺汝，故惟是教命申戒之。
　　[二]今我作此洛邑以待四方，無有遠近，無所賓外。
　　[三]非但待四方，亦惟汝衆士所當服行奔走臣我，多爲順事。
　　[四]汝多爲順事，乃庶幾還有汝本土，乃庶幾安汝故事止居。
　　　　以反所生誘之。
　　[五]汝能敬行順事，則爲天所與，爲天所憐。
　　[六]汝不能敬順，其罰深重，不但不得還本土而已，我亦致天

〔一〕後伐奄淮夷　“淮”，底本作“准”，據八行本、阮本改。
〔二〕使汝遠於惡俗　“於”，國圖藏八行本無，足利學校藏八行本、阮本有。
〔三〕爾不啻不有爾土　“土”，底本作“上”，據八行本、阮本改。

罰於汝身。言刑殺。

［七］今汝惟是敬順居汝邑，繼汝所當居爲，則汝其有安事、有
　　　豐年於此<u>洛邑</u>。言由<u>洛</u>修善，得還本土，有幹有年。

［八］汝能敬，則子孫乃起從汝化而遷善。

［九］言汝衆士當是我，勿非我也。我乃有教誨之言，則汝所當
　　　居行。

無逸第十七

周公作《無逸》。^{〔一〕}

〔一〕中人之性好逸豫，故戒以無逸。

無逸^{〔一〕}

周公曰："嗚呼，君子所其無逸。^{〔二〕}先知稼穡之艱難，乃逸，則知小人之依。^{〔三〕}相小人，厥父母勤勞稼穡，厥子乃不知稼穡之艱難，^{〔四〕}乃逸乃諺。既誕，否則侮厥父母曰：'昔之人無聞知。'"^{〔五〕}

〔一〕成王即政，恐其逸豫，故以所戒名篇^{〔一〕}。

〔二〕歎美君子之道，所在念德，其無逸豫。君子且猶然，況王者乎？

〔三〕稼穡農夫之艱難，事先知之，乃謀逸豫，則知小人之所依怙。

〔四〕視小人不孝者，其父母躬勤艱難，而子乃不知其勞。

〔五〕小人之子既不知父母之勞，乃爲逸豫遊戲^{〔二〕}，乃叛諺不恭。已欺誕父母，不欺則輕侮其父母曰：古老之人無所聞知。

周公曰："嗚呼，我聞曰，昔在殷王中宗，^{〔一〕}嚴恭寅，

〔一〕故以所戒名篇　"故"，阮本作"本"。

〔二〕乃爲逸豫遊戲　"乃"，阮本作"力"。

畏天命，自度，^[二]治民祗懼，不敢荒寧。^[三]肆<u>中宗</u>之享國，
七十有五年。^[四]其在<u>高宗</u>，時舊勞于外，爰暨小人。^[五]
作其即位，乃或亮陰，三年不言。^[六]其惟不言，言乃雍，
不敢荒寧。^[七]嘉靖<u>殷</u>邦，至于小大，無時或怨。^[八]肆<u>高</u>
<u>宗</u>之享國，五十有九年。^[九]

[一] <u>太戊</u>也^{〔一〕}。<u>殷</u>家中世尊其德，故稱宗。

[二] 言<u>太戊</u>嚴恪恭敬，畏天命，用法度。

[三] 爲政敬身畏懼，不敢荒怠自安。

[四] 以敬畏之故，得壽考之福。

[五] <u>武丁</u>，其父<u>小乙</u>使之久居民間，勞是稼穡，與小人出入
　　同事。

[六] <u>武丁</u>起其即王位，則<u>小乙</u>死，乃有信默，三年不言。言孝
　　行著^{〔二〕}。

[七] 在喪則其惟不言。喪畢發言，則天下和^{〔三〕}，亦法<u>中宗</u>，不敢
　　荒怠自安。

[八] 善謀<u>殷</u>國，至于小大之政，人無是有怨者。言無非。

[九] <u>高宗</u>爲政，小大無怨，故亦享國永年。

　　“其在<u>祖甲</u>，不義惟王，舊爲小人。^[一]作其即位，爰
知小人之依，能保惠于庶民，不敢侮鰥寡。^[二]肆<u>祖甲</u>之享
國，三十有三年。^[三]自時厥後立王，生則逸。^[四]生則逸，

〔一〕 太戊也　“太”，<u>阮</u>本作“大”。

〔二〕 言孝行著　“言”，底本作“信”，據八行本、<u>阮</u>本改。“著”，<u>阮</u>本作“者”。

〔三〕 則天下和　“天”，底本作“大”，據八行本、<u>阮</u>本改。

不知稼穡之艱難，^[五]不聞小人之勞，惟耽樂之從。^[六]自時厥後，亦罔或克壽，^[七]或十年，或七八年，或五六年，或四三年。"^[八]

[一]湯孫太甲爲王不義，久爲小人之行，伊尹放之桐。

[二]在桐三年，思集用光，起就王位，於是知小人之所依。依仁政，故能安順於衆民，不敢侮慢惸獨。

[三]太甲亦以知小人之依，故得久年。此以德優劣、立年多少爲先後，故祖甲在下。殷家亦祖其功，故稱祖。

[四]從是三王各承其後而立者，生則逸豫無度。

[五]言與小人之子同其敝。

[六]過樂謂之耽。惟樂之從，言荒淫。

[七]以耽樂之故，從是其後亦無有能壽考。

[八]高者十年，下者三年。言逸樂之損壽。

周公曰："嗚呼，厥亦惟我周太王、王季，克自抑畏。^[一]文王卑服，即康功田功，^[二]徽柔懿恭，懷保小民，惠鮮鰥寡。^[三]自朝至于日中昃，不遑暇食，用咸和萬民。^[四]文王不敢盤于遊田，以庶邦惟正之供。^[五]文王受命惟中身，厥享國五十年。"^[六]

[一]太王，周公曾祖。王季即祖。言皆能以義自抑，畏敬天命^{〔一〕}。將説文王，故本其父祖。

[二]文王節儉，卑其衣服以就其安人之功，以就田功，以知稼

────────────

〔一〕畏敬天命　"畏"，阮本作"長"。

245

稼之艱難。

[三] 以美道和民，故民懷之。以美政恭民，故民安之。又加惠
鮮乏鰥寡之人。

[四] 從朝至日昳不暇食，思慮政事，用皆和萬民。

[五] 文王不敢樂於遊逸田獵，以衆國所取法則，當以正道供待
之故。

[六] 文王九十七而終，中身即位，時年四十七。言中身，舉
全數。

周公曰："嗚呼，繼自今嗣王，[一] 則其無淫于觀、于
逸、于游、于田，以萬民惟正之供。[二] 無皇曰：'今日耽
樂。'乃非民攸訓，非天攸若，時人丕則有愆。[三] 無若殷
王受之迷亂，酗于酒德哉。"[四]

[一] 繼從今已往嗣世之王。皆戒之。

[二] 所以無敢過於觀遊、逸豫、田獵者，用萬民當惟正身以供
待之故。

[三] 無敢自暇曰：惟今日樂，後日止。夫耽樂者，乃非所以教
民，非所以順天，是人則大有過矣。

[四] 以酒爲凶謂之酗。言紂心迷政亂，以酗酒爲德。戒嗣王無
如之。

周公曰："嗚呼，我聞曰，古之人猶胥訓告、胥保惠、
胥教誨，[一] 民無或胥譸張爲幻[一]。[二] 此厥不聽，人乃訓之，

―――――――――

〔一〕 民無或胥譸張爲幻 "幻"，底本作"幼"，據八行本、阮本改。

乃變亂先王之正刑，至于小大。^[三]民否則厥心違怨，否則
厥口詛祝。”^[四]

[一] 歎古之君臣，雖君明臣良，猶相道告、相安順、相教誨以
　　義方。

[二] 譸張，誑也。君臣以道相正，故下民無有相欺誑幻惑也。

[三] 此其不聽中正之君，人乃教之以非法，乃變亂先王之正法，
　　至于小大無不變亂。言己有以致之。

[四] 以君變亂正法，故民否則其心違怨，否則其口詛祝。言皆
　　患其上。

周公曰：“嗚呼，自殷王中宗，及高宗，及祖甲，及我
周文王，茲四人迪哲。^[一]厥或告之曰：‘小人怨汝詈汝。’
則皇自敬德。^[二]厥愆，曰：‘朕之愆。’允若時，不啻不敢
含怒。^[三]此厥不聽，人乃或譸張爲幻^{〔一〕}，曰：‘小人怨汝詈
汝。’則信之。^[四]則若時，不永念厥辟，不寬綽厥心，^[五]
亂罰無罪，殺無辜，怨有同，是叢于厥身。”^[六]

周公曰：“嗚呼，嗣王其監于茲。”^[七]

[一] 言此四人皆蹈智明德以臨下。

[二] 其有告之，言小人怨詈汝者，則大自敬德，增修善政。

[三] 其人有過^{〔二〕}，則曰：我過，百姓有過，在予一人。信如是怨
　　詈，則四王不啻不敢含怒以罪之。言常和悦。

〔一〕 人乃或譸張爲幻　“幻”，底本作“幻”，八行本、阮本作“幻”。據改。

〔二〕 其人有過　“過”，八行本同，阮本作“禍”。

［四］此其不聽中正之君，有人詿惑之，言小人怨憾詛詈汝，則
　　　信受之。

［五］則如是信讒者，不長念其爲君之道，不寬緩其心。言含怒。

［六］信讒含怒，罰殺無罪，則天下同怨讎之，叢聚於其身。

［七］視此亂罰之禍以爲戒。

尚書卷第十　周書

孔　氏　傳

君奭第十八

召公爲保，周公爲師，相成王，爲左右。召公不說，周公作《君奭》。

君奭[一]

周公若曰：“君奭，[二]弗弔，天降喪于殷。殷既墜厥命，我有周既受。[三]我不敢知曰：厥基永孚于休，若天棐忱。[四]我亦不敢知曰：其終出于不祥。[五]

[一]　尊之曰君。奭，名，同姓也。陳古以告之，故以名篇。

[二]　順古道呼其名而告之。

[三]　言殷道不至，故天下喪亡於殷[一]。已墜失其王命。我有周道至，已受之。

[四]　廢興之跡，亦君所知。言殷家其始長信於美道，順天輔誠。所以國也。

[五]　言殷紂其終墜厥命，以出於不善之故，亦君所知。

〔一〕　故天下喪亡於殷　“殷”，八行本、阮本作“殷殷”。

"嗚呼，君已，日時我。我亦不敢寧于上帝命。[一] 弗永遠念天威，越我民罔尤違。[二] 惟人在我後嗣子孫，大弗克恭上下，遏佚前人光，在家不知。[三] 天命不易。天難諶，乃其墜命，弗克經歷。[四] 嗣前人，恭明德，在今予小子旦，[五] 非克有正，迪惟前人光，施于我沖子。"[六]

又曰："天不可信，我道惟寧王德延。[七] 天不庸釋于文王受命。"[八]

[一] 歎而言曰：君已[一]，當是我之留。我亦不敢安于上天之命，故不敢不留。

[二] 言君不長遠念天之威，而勤化於我民，使無過違之闕。

[三] 惟眾人共存在我後嗣子孫，若大不能恭承天地，絕失先王光大之道，我老在家則不得知。

[四] 天命不易。天難信無德者，乃其墜失王命，不能經久歷遠，不可不慎。

[五] 繼先王之大業，恭奉其明德，正在今我小子旦[二]。言異於餘臣。

[六] 我留非能有改正，但欲蹈行先王光大之道，施政於我童子[三]。童子，成王。

[七] 無德去之，是天不可信，故我以道惟安寧王之德[四]，謀欲延久。

[八] 言天不用令釋廢於文王所受命，故我留佐成王。

〔一〕 君已 "已"，阮本作 "也"。

〔二〕 正在今我小子旦 "今我"，阮本作 "我今"。

〔三〕 施政於我童子 "政"，阮本作 "正"。

〔四〕 故我以道惟安寧王之德 "王"，底本作 "工"，據八行本、阮本改。

公曰：“君奭，我聞在昔，成湯既受命，[一] 時則有若伊尹，格于皇天。[二] 在太甲，時則有若保衡。[三] 在太戊，[四] 時則有若伊陟、臣扈，格于上帝，巫咸乂王家。[五] 在祖乙，時則有若巫賢。[六] 在武丁，時則有若甘盤。[七] 率惟茲有陳，保乂有殷，故殷禮陟配天，多歷年所。[八]

[一] 已放桀，受命爲天子。

[二] 伊摯佐湯〔一〕，功至大天〔二〕。謂致太平。

[三] 太甲繼湯〔三〕，時則有如此伊尹爲保衡。言天下所取安，所取平。

[四] 太甲之孫。

[五] 伊陟、臣扈率伊尹之職，使其君不隕祖業，故至天之功不隕。巫咸治王家，言不及二臣。

[六] 祖乙，殷家亦祖其功。時賢臣有如此巫賢。賢，咸子，巫氏。

[七] 高宗即位，甘盤佐之，後有傅説。

[八] 言伊尹至甘盤六臣佐其君，循惟此道，有陳列之功，以安治有殷。故殷禮能升配天，享國久長，多歷年所。

“天惟純佑命，則商實百姓。[一] 王人罔不秉德，明恤小臣，屏侯甸。[二] 矧咸奔走。惟茲惟德稱，用乂厥辟。[三] 故一人有事于四方，若卜筮，罔不是孚。”[四]

〔一〕　伊摯佐湯　“伊”，八行本、阮本作“尹”。

〔二〕　功至大天　“天”，底本作“大”，阮本作“夫”，據八行本改。

〔三〕　太甲繼湯　“太”，底本作“大”，據八行本、阮本改。

〔一〕殷禮配天，惟天大佑助其王命，使商家百姓豐實，皆知
　　禮節。

〔二〕自湯至武丁〔一〕，其王人無不持德立業，明憂其小臣，使得其
　　人，以爲蕃屏侯甸之服。小臣且憂得人，則大臣可知。

〔三〕王猶秉德憂臣，況臣下得不皆奔走？惟王此事，惟有德者
　　舉，用治其君事。

〔四〕一人，天子也。君臣務德，故有事於四方，而天下化服。
　　如卜筮，無不是而信之。

公曰："君奭，天壽平格，保乂有殷。有殷嗣，天滅
威。〔一〕今汝永念，則有固命，厥亂明我新造邦。"〔二〕

〔一〕言天壽有平至之君，故安治有殷。有殷嗣子紂不能平至，
　　天滅亡加之以威。

〔二〕今汝長念平至者安治，反是者滅亡。以爲法戒，則有堅固
　　王命，其治理足以明我新成國矣。

公曰："君奭，在昔上帝，割申勸寧王之德，其集大命
于厥躬。〔一〕惟文王尚克修和我有夏，亦惟有若虢叔，有若
閎夭，〔二〕有若散宜生，有若泰顛，有若南宮括。〔三〕

〔一〕在昔上天，割制其義，重勸文王之德，故能成其大命於其
　　身。謂勤德以受命〔二〕。

〔一〕 自湯至武丁 "武"，國圖藏八行本作"戌"，足利學校藏八行本作"武"。
〔二〕 謂勤德以受命 "勤"，底本作"勸"，據八行本、阮本改。

［二］文王庶幾能修政化，以和我所有諸夏。亦惟賢臣之助爲治，有
　　　如此虢、閎。閎，氏。虢，國。叔，字，文王弟。天[一]，名。

［三］散、泰、南宮，皆氏。宜生、顚、括，皆名。凡五臣，佐
　　　文王爲胥附、奔走、先後、禦侮之任。

　　“又曰：無能往來。兹迪彝教文王蔑德，降于國人。[一]
亦惟純佑，秉德迪知天威，乃惟時昭文王，[二]迪見冒，聞
于上帝，惟時受有殷命哉。[三]武王惟兹四人，尚迪有祿。[四]
後暨武王，誕將天威，咸劉厥敵。[五]惟兹四人，昭武王，
惟冒，丕單稱德。[六]今在予小子旦，若游大川，予往暨汝
奭，其濟小子，同未在位，誕無我責。[七]收罔勖不及，耇
造德不降。我則鳴鳥不聞，矧曰其有能格？”[八]

［一］有五賢臣，猶曰：甚少[二]，無所能往來。而五人以此道
　　　法教文王以精微之德，下政令於國人。言雖聖人，亦須
　　　良佐。

［二］文王亦如殷家，惟天所大佑。文王亦秉德，蹈知天威，乃
　　　惟是五人明文王之德。

［三］言能明文王德，蹈行顯見，覆冒下民，彰聞上天，惟是故
　　　受有殷之王命。

［四］文王没，武王立，惟此四人庶幾輔相武王，蹈有天祿。虢
　　　叔先死，故曰四人。

［五］言此四人後與武王皆殺其敵。謂誅紂。

―――――

〔一〕天　“天”，阮本作“天”。
〔二〕甚少　“甚”，八行本、阮本作“其”。

［六］惟此四人明武王之德，使布冒天下，大盡舉行其德。

［七］我新還政，今任重在我小子旦，不能同於四人〔一〕。若游大
　　　川，我往與汝奭其共濟渡成王，同於未在位即政時，汝大
　　　無非責我留。

［八］今與汝留輔成王，欲收教無自勉不及道義者，立此化，而老
　　　成德不降意爲之。我周則鳴鳳不得聞，況曰其有能格于皇
　　　天乎？

　　公曰：“嗚呼，君肆其監于茲。我受命無疆惟休，亦大
惟艱。〔一〕告君乃猷裕我，不以後人迷。”〔二〕
　　公曰：“前人敷乃心，乃悉命汝，作汝民極。〔三〕曰：
汝明勖偶王，在亶乘茲大命，〔四〕惟文王德，丕承無疆之
恤。”〔五〕

［一］以朝臣無能立功至天，故其當視於此。我周受命無窮惟美，
　　　亦大惟艱難。不可輕忽，謂之易治。

［二］告君汝謀寬饒之道，我留與汝輔王，不用後人迷惑。故欲
　　　教之。

［三］前人文、武布其乃心爲法度，乃悉以命汝矣，爲汝民立中
　　　正矣。

［四］汝以前人法度明勉配王，在於誠信〔二〕，行此大命而已。

［五］惟文王聖德，爲之子孫無忝厥祖，大承無窮之憂。

〔一〕 不能同於四人 “人”，阮本作“方”。
〔二〕 在於誠信 “誠”，阮本作“成”。

公曰："君，告汝朕允。[一]保奭，其汝克敬以予，監于<u>殷</u>喪大否？[二]肆念我天威，予不允惟若兹誥。予惟曰：襄我二人。[三]汝有合哉，言曰：在時二人。天休兹至，惟時二人弗戡。[四]其汝克敬德，明我俊民在讓，後人于丕時。[五]嗚呼，篤棐時二人，我式克至于今日休。[六]我咸成<u>文王</u>功于不怠，丕冒海隅出日，罔不率俾。"[七]

[一]告汝以我之誠信〔一〕。

[二]呼其官而名之，勅使能敬以我言，視於<u>殷</u>喪亡大否？言其大，不可不戒。

[三]以<u>殷</u>喪大，故當念我天德可畏。言命無常。我不信惟若此誥。我惟曰：當因我<u>文</u>、<u>武</u>之道而行之。

[四]言汝行事，動當有所合哉。發言常在是<u>文</u>、<u>武</u>，則天美<u>周</u>家日益至矣。惟是<u>文</u>、<u>武</u>不勝受。言多福。

[五]其汝能敬行德，明我賢人在禮讓，則後代將於此道大且是。

[六]言我厚輔是<u>文</u>、<u>武</u>之道而行之，我用能至于今日〔二〕，其政美。

[七]今我<u>周</u>家皆成<u>文王</u>功于不懈怠，則德教大覆冒海隅日所出之地，無不循化而使之。

公曰："君，予不惠若兹多誥，予惟用閔于天越民。"[一]公曰："嗚呼，君，惟乃知民德，亦罔不能厥初，惟其終。[二]祗若兹，往敬用治。"[三]

〔一〕告汝以我之誠信　此句八行本同，<u>阮</u>本句末有"也"字。
〔二〕我用能至于今日　"我"，<u>阮</u>本作"或"。

［一］我不順若此多誥而已，欲使汝念躬行之。閔，勉也。我惟用勉於天道加於民。

［二］惟汝所知民德，亦無不能其初，鮮能有終。惟其終，則惟君子。戒召公以慎終。

［三］當敬順我此言〔一〕，自今以往，敬用治民職事。

〔一〕 當敬順我此言 "此"，國圖藏八行本作 "比"，足利學校藏八行本、阮本作 "此"。

蔡仲之命第十九

蔡叔既没，^[一]王命蔡仲踐諸侯位，^[二]作《蔡仲之命》。^[三]

[一] 以罪放而卒。

[二] 成王也。父卒命子，罪不相及。

[三] 册書命之。

蔡仲之命^[一]

惟周公位冢宰，正百工。^[二]群叔流言。乃致辟管叔于商。囚蔡叔于郭鄰，以車七乘。^[三]降霍叔于庶人，三年不齒。^[四]蔡仲克庸祗德，周公以爲卿士。^[五]叔卒，乃命諸王邦之蔡。^[六]

[一] 蔡，國名。仲，字。因以名篇。

[二] 百官總己以聽冢宰，謂武王崩時。

[三] 致法，謂誅殺。囚，謂制其出入。郭鄰，中國之外地名。從車七乘，言少。管、蔡，國名。

[四] 罪輕，故退爲衆人，三年之後乃齒錄，封爲霍侯。子孫爲晉所滅。

[五] 蔡仲能用敬德，稱其賢也。明王之法，誅父用子，言至公。周公，圻内諸侯^[一]，二卿治事。

〔一〕 圻内諸侯 "圻"，國圖藏八行本作"所"，足利學校藏八行本、阮本作"圻"。

259

[六] <u>叔</u>之所封，圻内之<u>蔡</u>。<u>仲</u>之所封，<u>淮</u>、<u>汝</u>之間。圻内之<u>蔡</u>名已滅，故取其名以名新國，欲其戒之。

王若曰："小子<u>胡</u>，^[一]惟爾率德改行，克慎厥猷。^[二]肆予命爾侯于東土。往即乃封，敬哉。^[三]爾尚蓋前人之愆，惟忠惟孝。^[四]爾乃邁迹自身，克勤無怠，以垂憲乃後，^[五]率乃祖<u>文王</u>之彝訓，無若爾考之違王命。^[六]皇天無親，惟德是輔。民心無常，惟惠之懷。^[七]爲善不同，同歸于治。爲惡不同，同歸于亂。^[八]爾其戒哉。

[一] 言小子，明當受教訓。<u>胡</u>，<u>仲</u>名。順其事而告之。

[二] 言汝循祖之德，改父之行，能慎其道。歎其賢。

[三] 以汝率德改行之故，故我命汝爲諸侯於東土。往就汝所封之國，當修己以敬哉。

[四] 汝當庶幾修德，掩蓋前人之過^[一]。子能蓋父，所以爲惟忠惟孝。

[五] 汝乃行善迹用汝身，使可蹤迹而法循之，能勤無懈怠，以垂法子孫，世世稱頌，乃當我意。

[六] 言當循<u>文</u>、<u>武</u>之常教，以父違命爲世戒。

[七] 天之於人，無有親疏，惟有德者則輔佐之^[二]。民心於上^[三]，無有常主，惟愛己者則歸之。

[八] 言人爲善爲惡，各有百端，未必正同，而治亂所歸不殊。宜慎其微。

〔一〕掩蓋前人之過 "掩"，<u>阮</u>本作"尚"。
〔二〕惟有德者則輔佐之 "佐"，<u>阮</u>本作"佑"。
〔三〕民心於上 "心"，<u>阮</u>本作"之"。

　　“慎厥初，惟厥終，終以不困。不惟厥終，終以困窮。^[一]懋乃攸績，睦乃四鄰，以蕃王室，以和兄弟。^[二]康濟小民，率自中，無作聰明亂舊章。^[三]詳乃視聽，罔以側言改厥度，則予一人汝嘉。”^[四]

　　王曰：“嗚呼，小子胡，汝往哉，無荒棄朕命。”^[五]

［一］汝其戒治亂之機哉。作事云爲，必慎其初，念其終，則終用不困窮。

［二］勉汝所立之功，親汝四鄰之國，以蕃屏王室，以和協同姓之邦。諸侯之道。

［三］汝爲政當安小民之居，成小民之業，循用大中之道，無敢爲小聰明，作異辯，以變亂舊典文章。

［四］詳審汝視聽，非禮義勿視聽。無以邪巧之言易其常度，必斷之以義。則我一人善汝矣。

［五］歎而勅之，欲其念戒。小子胡，汝往之國哉，無廢棄我命。欲其終身奉行，後世遵則。

成　王　政

成王東伐淮夷，遂踐奄，^{〔一〕}作《成王政》。^{〔二〕}

[一] 成王即政，淮夷奄國又叛。王親征之，遂滅奄而徙之，以
　　　其數反覆。

[二] 爲平淮夷徙奄之政令^{〔一〕}。亡。

〔一〕 爲平淮夷徙奄之政令　“令”，底本作“今”，據八行本、阮本改。

將　蒲　姑

　　成王既踐奄，將遷其君于蒲姑。[一]周公告召公，作《將蒲姑》。[二]

　　[一]已滅奄，而徙其君及人臣之惡者於蒲姑。蒲姑，齊地。近
　　　　中國，教化之。
　　[二]言將徙奄新立之君於蒲姑，告召公，使此冊書告令之。亡。

多方第二十

成王歸自奄^{〔一〕}，在宗周誥庶邦^{〔二〕}，作《多方》。

[一] 伐奄歸。
[二] 誥以禍福。

多方^{〔一〕}

惟五月丁亥，王來自奄，至于宗周。^{〔二〕}周公曰："王若曰，猷，告爾四國多方，^{〔三〕}惟爾殷侯尹民，我惟大降爾命，爾罔不知。^{〔四〕}洪惟圖天之命，弗永寅念于祀。惟帝降格于夏，^{〔五〕}有夏誕厥逸，不肯慼言于民，^{〔六〕}乃大淫昏，不克終日勸于帝之迪，^{〔七〕}乃爾攸聞。^{〔八〕}

[一] 衆方，天下諸侯。
[二] 周公歸政之明年，淮夷奄又叛，魯征淮夷，作《費誓》。王親征奄，滅其國，五月還至鎬京。
[三] 周公以王命順大道告四方。稱周公，以別王自告。
[四] 殷之諸侯正民者^{〔一〕}，我大下汝命^{〔二〕}，謂誅紂也。言天下無不知紂暴虐以取亡。
[五] 大惟爲王謀天之命，不長敬念于祭祀。謂夏桀。惟天下至戒於夏以譴告之。謂災異。

〔一〕 殷之諸侯正民者 "正"，阮本作"王"。
〔二〕 我大下汝命 "下"，阮本作"降"。

〔六〕有夏桀不畏天戒，而大其逸豫，不肯憂言於民，無憂民之言。

〔七〕言桀乃大爲過昏之行，不能終日勸於天之道。

〔八〕言桀之惡乃汝所聞。

　　“厥圖帝之命，不克開于民之麗。〔一〕乃大降罰，崇亂有夏，因甲于內亂。〔二〕不克靈承于旅，罔丕惟進之恭，洪舒于民。〔三〕亦惟有夏之民叨懫，日欽劓割夏邑。〔四〕天惟時求民主，乃大降顯休命于成湯，〔五〕刑殄有夏。惟天不畀純，〔六〕乃惟以爾多方之義民，不克永于多享。〔七〕惟夏之恭多士，大不克明保享于民，〔八〕乃胥惟虐于民，至于百爲，大不克開。〔九〕

〔一〕桀其謀天之命，不能開於民所施政教。麗，施也。言昏昧。

〔二〕桀乃大下罰於民，重亂有夏。言殘虐。外不憂民，內不勤德，因甲於二亂之內。言昏甚。

〔三〕言桀不能善奉於人衆，無大惟進恭德，而大舒惰於治民。

〔四〕桀洪舒於民，故亦惟有夏之民貪叨忿懫而逆命，於是桀日尊敬其能劓割夏邑者〔一〕。謂殘賊臣。

〔五〕天惟是桀惡，故更求民主以代之，大下明美之命於成湯〔二〕，使王天下。

〔六〕命湯刑絶有夏。惟天不與桀亦已大。

〔七〕天所以不與桀，以其乃惟用汝多方之義民爲臣，而不能長

─────────

〔一〕　於是桀日……夏邑者　“日”，阮本作“民”。“者”，底本作“考”，據八行本、阮本改。

〔二〕　大下明美之命於成湯　“大”，底本作“天”，據八行本、阮本改。

久多享國故。

［八］惟<u>桀</u>之所謂恭人衆士，大不能明安享于民。言亂主所任，
　　　任同己者。

［九］<u>桀</u>之衆士乃相與惟暴虐於民，至於百端所爲。言虐非一。
　　　大不能開民以善言，與<u>桀</u>合志。

　　“乃惟<u>成湯</u>，克以爾多方，簡代<u>夏</u>，作民主。^{［一］}慎厥
麗乃勸，厥民刑用勸。^{［二］}以至于<u>帝乙</u>，罔不明德慎罰，亦
克用勸。^{［三］}要囚，殄戮多罪，亦克用勸。開釋無辜，亦克
用勸。^{［四］}今至于爾辟，弗克以爾多方享天之命。^{［五］}

［一］乃惟<u>成湯</u>能用汝衆方之賢大代<u>夏</u>政，爲天下民主。

［二］<u>湯</u>慎其施政於民，民乃勸善。其人雖刑，亦用勸善。言政
　　　刑清。

［三］言自<u>湯</u>至于<u>帝乙</u>^{［一］}，皆能成其王道，畏慎輔相^{［二］}，無不明有
　　　德^{［三］}，慎去刑罰，亦能用勸善。

［四］<u>帝乙</u>已上，要察囚情，絶戮衆罪，亦能用勸善。開放無罪
　　　之人，必無枉縱，亦能用勸善。

［五］今至于汝君，謂<u>紂</u>不能用汝衆方享天之命，故誅滅之。

　　“嗚呼，王若曰：誥告爾多方，非天庸釋有<u>夏</u>，^{［一］}非
天庸釋有<u>殷</u>。乃惟爾辟，以爾多方大淫圖天之命，屑有

〔一〕　言自湯至于帝乙　“自”，底本作“有”，據八行本、<u>阮</u>本改。

〔二〕　畏慎輔相　“畏”，八行本、<u>阮</u>本作“長”。

〔三〕　無不明有德　“有”，底本筆畫缺損作“月”，據八行本、<u>阮</u>本改。

辭。^[二]乃惟有夏，圖厥政，不集于享。天降時喪，有邦間之。^[三]乃惟爾商後王，逸厥逸，^[四]圖厥政，不蠲烝，天惟降時喪。^[五]

[一] 歎而順其事以告汝衆方，非天用釋棄桀。桀縱惡自棄^{〔一〕}，故誅放。

[二] 非天用棄有殷，乃惟汝君紂，用汝衆方大爲過惡者，共謀天之命，惡事盡有辭説，布在天下，故見誅滅也^{〔二〕}。

[三] 更説桀也。言桀謀其政，不成于享，故天下是喪亡以禍之，使天下有國聖人代之。言有國，明皇天無親，佑有德。

[四] 後王紂逸豫其過逸。言縱恣無度。

[五] 紂謀其政，不絜進于善，故天惟下是喪亡^{〔三〕}。謂誅滅。

"惟聖罔念作狂，惟狂克念作聖。^[一]天惟五年須暇之子孫。誕作民主，罔可念聽。^[二]天惟求爾多方，大動以威，開厥顧天。^[三]惟爾多方，罔堪顧之。惟我周王，靈承于旅，^[四]克堪用德，惟典神天^{〔四〕}。^[五]天惟式教我用休，簡畀殷命，尹爾多方。^[六]

[一] 惟聖人無念於善則爲狂人，惟狂人能念於善則爲聖人。言桀、紂非實狂愚，以不念善，故滅亡。

[二] 天以湯故，五年須暇湯之子孫，冀其改悔。而紂大爲民主，

肆行無道，事無可念，言無可聽。武王服喪三年〔一〕，還師
二年。

［三］天惟求汝衆方之賢者，大動紂以威，開其能顧天可以代者。

［四］惟汝衆方之中，無堪顧天之道者。惟我周王善奉於衆。言
以仁政得人心。

［五］言周文、武能堪用德，惟可以主神天之祀，任天王。

［六］天以我用德之故，惟用教我用美道代殷〔二〕。大與我殷之王
命〔三〕，以正汝衆方之諸侯。

　　"今我曷敢多誥？我惟大降爾四國民命。〔一〕爾曷不忱
裕之于爾多方？〔二〕爾曷不夾介乂我周王，享天之命？〔三〕
今爾尚宅爾宅，畋爾田，爾曷不惠王熙天之命？〔四〕爾乃迪
屢不靜，爾心未愛。〔五〕爾乃不大宅天命，爾乃屑播天命。〔六〕
爾乃自作不典，圖忱于正。〔七〕

［一］今我何敢多語汝而已，我惟大下汝四國民命。謂誅管、蔡、
　　商、奄之君。

［二］汝何不以誠信行寬裕之道於汝衆方？欲其戒四國，崇和協。

［三］夾，近也。汝何不近大見治於我周王，以享天之命，而爲
　　不安乎？

［四］今汝殷之諸侯，皆尚得居汝常居，臣民皆尚得畋汝故田。
　　汝何不順從王政，廣天之命，而自懷疑乎？

［五］汝所蹈行，數爲不安。汝心未愛我周故。

〔一〕　武王服喪三年　"王"，阮本作"正"。

〔二〕　惟用教我用美道代殷　"代"，阮本作"伐"。

〔三〕　大與我殷之王命　"大"，阮本作"天"。

〔六〕汝乃不大居安天命。是汝乃盡播棄天命。

〔七〕汝未愛我周，播棄天命。是汝乃自爲不常，謀信于正道。

“我惟時其教告之，我惟時其戰要囚之。^{〔一〕}至于再，至于三。^{〔二〕}乃有不用我降爾命，我乃其大罰殛之。^{〔三〕}非我有周秉德不康寧，乃惟爾自速辜。”^{〔四〕}

〔一〕我惟汝如是不謀信于正道，故其教告之。謂訊以文誥。其戰要囚之，謂討其倡亂，執其朋黨。

〔二〕再，謂三監、淮夷叛時。三，謂成王即政又叛。言迪屢不靜之事。

〔三〕我教告戰要囚汝已至再三，汝其有不用我命^{〔一〕}。我乃大下誅汝君，乃其大罰誅之。

〔四〕非我有周執德不安寧，自誅汝，乃惟汝自召罪以取誅。

王曰：“嗚呼，猷告爾有方多士，暨殷多士。^{〔一〕}今爾奔走臣我，監五祀。^{〔二〕}越惟有胥伯小大多正，爾罔不克臬。^{〔三〕}自作不和，爾惟和哉。爾室不睦，爾惟和哉。爾邑克明，爾惟克勤乃事。^{〔四〕}爾尚不忌于凶德，亦則以穆穆在乃位。^{〔五〕}克閱于乃邑謀介，爾乃自時洛邑，尚永力畋爾田。^{〔六〕}天惟畀矜爾，我有周惟其大介賚爾。^{〔七〕}迪簡在王庭，尚爾事，有服在大僚。”^{〔八〕}

───────

〔一〕汝其有不用我命　“有”，八行本同，阮本無。

［一］王歎而以道告汝衆方與殷多士〔一〕。

［二］監，謂成周之監。此指謂所遷頑民殷衆士。今汝奔走來徙
臣我，我監五年，無過則得還本土〔二〕。

［三］於惟有相長事小大衆正官之人，汝無不能用法。欲其皆
用法。

［四］小大多正自爲不和，汝有方多士當和之哉。汝親近室家不
睦，汝亦當和之哉。汝邑中能明，是汝惟能勤汝職事。

［五］汝庶幾不自忌，入於凶德，亦則用敬敬，常在汝位。

［六］汝能使我閲具于汝邑，而以汝所謀爲大，則汝乃用是洛邑，
庶幾長力畋汝田矣。言雖遷徙，而以修善得反邑里。

［七］汝能修善，天惟與汝憐汝，我有周惟其大大賜汝〔三〕。言受多
福之祚〔四〕。

［八］非但受憐賜，又乃蹈大道，在王庭，庶幾修汝事，有所服
行在大官。

王曰：“嗚呼，多士，爾不克勸忱我命，爾亦則惟不克
享，凡民惟曰不享。〔一〕爾乃惟逸惟頗，大遠王命，則惟爾
多方探天之威，我則致天之罰，離逖爾土。”〔二〕

王曰：“我不惟多誥，我惟祇告爾命。”〔三〕又曰：“時
惟爾初，不克敬于和，則無我怨。”〔四〕

［一］王歎而言曰：衆士，汝不能勸信我命，汝亦則惟不能享天

〔一〕 王歎……殷多士 “殷”，阮本作“衆”。
〔二〕 無過則得還本土 “得”，阮本作“是”。
〔三〕 我有周惟其大大賜汝 “大大”，阮本作“大夫”。
〔四〕 言受多福之祚 “祚”，阮本作“作”。

　　祚矣。凡民亦惟曰不享於汝祚矣〔一〕。

〔二〕若爾乃爲逸豫頗僻，大棄王命，則惟汝衆方取天之威。我
　　則致行天罰，離遠汝土〔二〕，將遠徙之。

〔三〕我不惟多誥汝而已，我惟敬告汝吉凶之命。

〔四〕又誥汝：是惟汝初不能敬于和道，故誅汝。汝無我怨。解
　　所以再三加誅之意。

〔一〕　凡民亦惟曰不享於汝祚矣　"民"，底本作"國"，據八行本、阮本改。

〔二〕　離遠汝土　"遠"，阮本作"邈"。

立政第二十一

<u>周公</u>作《立政》。[一]

[一] <u>周公</u>既致政<u>成王</u>，恐其怠忽，故以君臣立政爲戒。

立政[一]

<u>周公</u>若曰："拜手稽首，告嗣天子王矣。"[二] 用咸戒于王曰："王左右常伯、常任、準人、綴衣、虎賁。"[三]

[一] 言用臣當共立政，故以名篇。

[二] 順古道盡禮致敬，告<u>成王</u>。言嗣天子今以爲王矣[一]。不可不慎。

[三] <u>周公</u>用王所立政之事皆戒於王曰：常所長事、常所委任，謂三公、六卿。準人平法，謂士官。綴衣掌衣服，虎賁以武力事王，皆左右近臣，宜得其人。

<u>周公</u>曰："嗚呼，休茲，知恤鮮哉。[一] 古之人迪惟有<u>夏</u>，乃有室大競，籲俊尊上帝，[二] 迪知忱恂于九德之行。[三] 乃敢告教厥后曰：拜手稽首，后矣。曰：宅乃事，宅乃牧，宅乃準，茲惟后矣。[四] 謀面用丕訓德，則乃宅人，茲乃三宅無義民。[五]

〔一〕言嗣天子今以爲王矣　"以"，<u>阮</u>本作"已"。

272

〔一〕歎此五者立政之本，知憂得其人者少。

〔二〕古之人道惟有夏禹之時，乃有卿大夫室家大強，猶乃招呼
　　賢俊，與共尊事上天。

〔三〕禹之臣蹈知誠信於九德之行。謂賢智大臣。九德，皋陶
　　所謀。

〔四〕知九德之臣乃敢告教其君以立政。君矣，亦猶王矣。宅，
　　居也。居汝事，六卿掌事者。牧，牧民，九州之伯。居內
　　外之官及平法者皆得其人，則此惟君矣。

〔五〕謀所面見之事無疑，則能用大順德，乃能居賢人于衆官，
　　若此則乃能三居無義民〔一〕。大罪，宥之四裔，次九州之外，
　　次中國之外。

“桀德惟乃弗作，往任是惟暴德，罔後。〔一〕亦越成湯
陟，丕釐上帝之耿命。〔二〕乃用三有宅，克即宅。曰三有俊，
克即俊。〔三〕嚴惟丕式，克用三宅三俊。〔四〕其在商邑，用
協于厥邑。其在四方，用丕式見德。〔五〕

〔一〕桀之爲德，惟乃不爲其先王之法，往所委任，是惟暴德之
　　人，故絕世無後。

〔二〕桀之昏亂，亦於成湯之道得升，大賜上天之光命，王天下。

〔三〕湯乃用三有居惡人之法，能使就其居。言服罪。又曰能用
　　剛、柔、正直三德之俊，能就其俊事。言明德。

〔四〕言湯所以能嚴威，惟可大法象者，以能用三居三德之法。

〔一〕若此則乃能三居無義民　“三”，八行本筆畫缺損，中間一橫僅餘左右兩小點；阮
本作“一”。

〔五〕湯在商邑，用三宅三俊之道和其邑。其在四方，用是大法
見其聖德。言遠近化〔一〕。

“嗚呼，其在受德暋，惟羞刑暴德之人同于厥邦，〔一〕
乃惟庶習逸德之人同于厥政。〔二〕帝欽罰之，乃伻我有夏，
式商受命，奄甸萬姓。〔三〕亦越文王、武王，克知三有宅心，
灼見三有俊心，〔四〕以敬事上帝，立民長伯。〔五〕

〔一〕受德，紂字。帝乙愛焉，爲作善字，而反大惡自強，惟進
用刑，與暴德之人同于其國，並爲威虐。

〔二〕乃惟眾習爲過德之人同于其政。言不任賢。

〔三〕天以紂惡，故敬罰之，乃使我周家王有華夏，得用商所受
天命，同治萬姓。言皇天無親，佑有德。

〔四〕紂之不善，亦於文、武之道大行，以能知三有居惡人之心，
灼然見三有賢俊之心。

〔五〕言文、武知三宅三俊，故能以敬事上天，立民正長。謂郊
祀天，建諸侯。

“立政。任人、準夫、牧，作三事。〔一〕虎賁、綴衣、
趣馬，小尹。〔二〕左右攜僕，百司庶府。〔三〕大都小伯，藝
人表臣、百司。〔四〕太史，尹伯，庶常吉士。〔五〕司徒，司馬，
司空，亞旅。〔六〕夷微、盧烝，三亳、阪尹。〔七〕

〔一〕文、武亦法禹、湯以立政。常任、準人及牧，治爲天地人

―――――
〔一〕 言遠近化　“遠”，阮本作“逮”。

之三事。

〔二〕趣馬，掌馬之官。言此三者雖小官長，必慎擇其人。

〔三〕雖左右攜持器物之僕，及百官有司主券契藏吏，亦皆擇人。

〔四〕小臣猶皆慎擇其人，況大都邑之小長，以道藝爲表幹之臣，
　　　及百官有司之職，可以非其任乎？

〔五〕太史，下大夫，掌邦六典之貳。尹伯，長官大夫。及衆掌
　　　常事之善士〔一〕，皆得其人。

〔六〕此有三卿及次卿衆大夫，則是<u>文</u>、<u>武</u>未伐<u>紂</u>時〔二〕。舉<u>文</u>、<u>武</u>
　　　之初以爲法則。

〔七〕蠻夷<u>微</u>、<u>盧</u>之衆師，及<u>亳</u>人之歸<u>文王</u>者三所，爲之立監，
　　　及<u>阪</u>地之尹長，皆用賢。

“<u>文王</u>惟克厥宅心，乃克立兹常事司牧人，以克俊有
德。〔一〕<u>文王</u>罔攸兼于庶言，庶獄庶慎，惟有司之牧夫。〔二〕
是訓，用違庶獄庶慎，<u>文王</u>罔敢知于兹。〔三〕亦越<u>武王</u>，
率惟敉功，不敢替厥義德，〔四〕率惟謀從容德，以並受此
<u>丕丕基</u>。〔五〕

〔一〕<u>文王</u>惟其能居心遠惡舉善，乃能立此常事司牧人，用能俊
　　　有德者。

〔二〕<u>文王</u>無所兼知於毀譽衆言，及衆刑獄、衆當所慎之事。惟
　　　慎擇有司、牧夫而已〔三〕。勞于求才〔四〕，逸於任賢。

〔一〕 及衆掌常事之善士　“衆”，<u>阮</u>本作“旅”。

〔二〕 則是文武未伐紂時　“時”，<u>阮</u>本作“特”。

〔三〕 惟慎擇有司牧夫而已　此句首八行本有“及”字，<u>阮</u>本同底本。

〔四〕 勞于求才　“于”，<u>阮</u>本作“於”。

[三] 是萬民順法，用違法衆獄、衆慎之事，<u>文王</u>一無敢自知於此。委任賢能而已。

[四] 亦於<u>武王</u>，循惟文王撫安天下之功〔一〕，不敢廢其義德。奉遵父道。

[五] <u>武王</u>循惟謀從<u>文王</u>寬容之德，故君臣以並受此大大之基業〔二〕。傳之子孫。

“嗚呼，孺子王矣。〔一〕繼自今，我其立政、立事、準人、牧夫，我其克灼知厥若，丕乃俾亂，〔二〕相我受民，和我庶獄庶慎，時則勿有間之。〔三〕自一話一言，我則末惟成德之彦，以乂我受民。〔四〕

[一] 歎稚子今以爲王矣，不可不勤法祖考之德。

[二] 繼用今已往，我其立政大臣、立事小臣，及準人、牧夫，我其能灼然知其順者，則大乃使治之。言知臣下之勤勞，然後莫不盡心力〔三〕。

[三] 能治我所受天民，和平我衆獄、衆慎之事，如是則勿有以代之。言不可復變。

[四] 言政當用一善，善在一言而已，欲其口無擇言。如此我則終惟有成德之美，以治我所受之民。

“嗚呼，予<u>旦</u>已受人之徽言，咸告孺子王矣。〔一〕繼自

〔一〕　循惟文王撫安天下之功　“撫”，<u>阮</u>本作“無”。“功”，<u>阮</u>本作“力”。
〔二〕　故君臣以……之基業　“以”，<u>阮</u>本無。
〔三〕　然後莫不盡心力　“心”，<u>阮</u>本作“其”。

今，文子文孫，其勿誤于庶獄、庶慎，惟正是乂之。^[二]自古商人，亦越我周文王，立政、立事、牧夫、準人，則克宅之，克由繹之，茲乃俾乂。^[三]國則罔有立政用憸人。不訓于德，是罔顯在厥世。^[四]繼自今立政，其勿以憸人，其惟吉士，用勱相我國家。^[五]

［一］歎所受賢聖説禹、湯之美言，皆以告稚子王矣。

［二］文子文孫，文王之子孫。從今以往〔一〕，惟以正是之道治衆獄、衆慎。其勿誤。

［三］言用古商湯亦於我周文王立政、立事用賢人之法，能居之於心，能用陳之，此乃使天下治。

［四］商、周賢聖之國，則無有立政用憸利之人者。憸人不順於德〔二〕，是使其君無顯名在其世。

［五］立政之臣，惟以吉士〔三〕，用勉治我國家。

“今文子文孫，孺子王矣。^[一]其勿誤于庶獄，惟有司之牧夫。^[二]其克詰爾戎兵，以陟禹之迹，^[三]方行天下，至于海表，罔有不服。^[四]以覲文王之耿光，以揚武王之大烈。^[五]嗚呼，繼自今後王立政，其惟克用常人。”^[六]

［一］告文王之子孫。言稚子以即政爲王矣〔四〕。所以厚戒。

［二］獨言衆獄、有司，欲其重刑、慎官人。

〔一〕　從今以往　“以”，阮本作“已”。
〔二〕　憸人不順於德　“順”，阮本作“訓”。
〔三〕　惟以吉士　“以”，阮本作“其”。
〔四〕　言稚子以即政爲王矣　“以”，阮本作“已”。

〔三〕其當能治汝戎服兵器，威懷並設，以升禹治水之舊迹。

〔四〕方，四方。海表，蠻夷戎狄。無有不服化者〔一〕。

〔五〕能使四夷賓服，所以見祖之光明，揚父之大業。

〔六〕其惟能用賢才爲常人，不可以天官有所私。

周公若曰："太史，〔一〕司寇蘇公，式敬爾由獄，以長我王國。〔二〕兹式有慎，以列用中罰。"〔三〕

〔一〕順其事並告太史。

〔二〕忿生爲武王司寇，封蘇國，能用法。敬汝所用之獄，以長施行於我王國。言主獄當求蘇公之比〔二〕。

〔三〕此法有所慎行，必以其列用中罰，不輕不重，蘇公所行。大史掌六典〔三〕，有廢置官人之制，故告之。

〔一〕 無有不服化者 "有"，阮本無。阮本句末有"乎"字。
〔二〕 言主獄當求蘇公之比 "當"，底本作"常"，據八行本、阮本改。
〔三〕 大史掌六典 "大"，八行本、阮本作"太"。

尚書卷第十一　周書

尚書卷第十一　周書

孔　氏　傳

周官第二十二

　　成王既黜殷命，滅淮夷，^[一]還歸在豐，作《周官》。^[二]

　[一]黜殷在周公東征時，滅淮夷在成王即政後。事相因，故連
　　　言之。

　[二]成王雖作洛邑，猶還西周。

　　周官^[一]
　　惟周王撫萬邦，巡侯甸，^[二]四征弗庭，綏厥兆民。^[三]
六服群辟，罔不承德。歸于宗周，董正治官。^[四]

　[一]言周家設官分職用人之法。

　[二]即政撫萬國，巡行天下侯服、甸服。

　[三]四面征討諸侯之不直者，所以安其兆民。十億曰兆，言多。

　[四]六服諸侯，奉承周德。言協服。還歸於豐，督正治理職司
　　　之百官。

　　王曰："若昔大猷，制治于未亂，保邦于未危。"^[一]曰：

“唐、虞稽古，建官惟百，内有百揆、四岳，外有州牧、侯伯。^[二]庶政惟和，萬國咸寧。^[三]夏、商官倍，亦克用乂。^[四]明王立政，不惟其官，惟其人。^[五]

[一] 言當順古大道，制治安國必于未亂未危之前，思患預防之。

[二] 道堯、舜考古以建百官，内置百揆、四岳，象天之有五行，外置州牧十二及五國之長，上下相維，外内咸治。言有法。

[三] 官職有序，故衆政惟和，萬國皆安。所以爲至治^[一]。

[四] 禹、湯建官二百，亦能用治。言不及唐、虞之清要。

[五] 言聖帝明王立政修教，不惟多其官，惟在得其人。

“今予小子，祗勤于德，夙夜不逮。^[一]仰惟前代時若，訓迪厥官。^[二]立太師、太傅、太保，兹惟三公，論道經邦，燮理陰陽。^[三]官不必備，惟其人。^[四]少師、少傅、少保，曰三孤。^[五]貳公弘化，寅亮天地，弼予一人。^[六]

[一] 今我小子敬勤於德，雖夙夜匪懈，不能及古人。言自有極。

[二] 言仰惟先代之法是順，順蹈其所建官而則之^[二]。不敢自同堯、舜之官，準擬夏、殷而蹈之。

[三] 師，天子所師法。傅，傅相天子。保，保安天子於德義者。此惟三公之任，佐王論道，以經緯國事，和理陰陽。言有德乃堪之。

[四] 三公之官不必備具^[三]，惟其人有德乃處之。

〔一〕所以爲至治 “至”，阮本作“正”。
〔二〕順蹈其所建官而則之 “順”，阮本作“訓”。
〔三〕三公之官不必備具 “具”，阮本作“員”。

〔五〕此三官名曰三孤。孤，特也。言卑於公，尊於卿，特置此
　　三者。

〔六〕副貳三公，弘大道化，敬信天地之教，以輔我一人之治。

　　“冢宰掌邦治，統百官，均四海。^{〔一〕}司徒掌邦教，敷
五典，擾兆民。^{〔二〕}宗伯掌邦禮，治神人，和上下。^{〔三〕}司
馬掌邦政，統六師，平邦國。^{〔四〕}司寇掌邦禁，詰姦慝，刑
暴亂。^{〔五〕}司空掌邦土，居四民，時地利。^{〔六〕}六卿分職，
各率其屬，以倡九牧，阜成兆民。^{〔七〕}

〔一〕天官卿稱大宰^{〔一〕}，主國政治，統理百官，均平四海之内邦
　　國。言任大。

〔二〕地官卿司徒，主國教化，布五常之教以安和天下衆民，使
　　小大協睦^{〔二〕}。

〔三〕春官卿宗廟官長，主國禮，治天地神祇人鬼之事，及國之
　　吉凶賓軍嘉五禮，以和上下尊卑等列。

〔四〕夏官卿主戎馬之事，掌國征伐，統正六軍，平治王邦四方
　　國之亂者。

〔五〕秋官卿主寇賊法禁，治姦惡，刑強暴作亂者。夏，司馬討
　　惡，助長物。秋，司寇刑姦，順時殺。

〔六〕冬官卿主國空土，以居民士農工商四人，使順天時，分地
　　利，授之土。能吐生百穀，故曰土。

〔七〕六卿各率其屬官大夫士治其所分之職，以倡道九州牧伯爲

〔一〕天官卿稱大宰　“大”，八行本、阮本作“太”。

〔二〕使小大協睦　“大”之後，阮本有“皆”字。

政，大成兆民之性命，皆能其官，則政治。

"六年，五服一朝。[一] 又六年，王乃時巡，考制度于四岳。[二] 諸侯各朝于方岳，大明黜陟。"[三]

[一] 五服，侯、甸、男、采、衛。六年一朝，會京師。

[二] 周制，十二年一巡守。春東，夏南，秋西，冬北，故曰時巡。考正制度禮法于四岳之下，如虞帝巡守然。

[三] 觀四方諸侯，各朝于方岳之下，大明考績黜陟之法。

王曰："嗚呼，凡我有官君子，欽乃攸司，慎乃出令，令出惟行，弗惟反。[一] 以公滅私，民其允懷。[二] 學古入官，議事以制，政乃不迷[三]。其爾典常作之師，無以利口亂厥官。[四] 蓄疑敗謀，怠忽荒政，不學牆面，莅事惟煩。[五]

[一] 有官君子大夫已上[一]，歎而戒之。使敬汝所司，慎汝出令。從政之本。令出必惟行之，不惟反改。若二三其令，亂之道。

[二] 從政以公平，滅私情，則民其信歸之。

[三] 言當先學古訓，然後入官治政。凡制事必以古義議度終始，政乃不迷錯。

[四] 其汝為政，當以舊典常故事為師法，無以利口辯佞亂

〔一〕 有官君子大夫已上 "已"，阮本作"以"。

其官〔一〕。

［五〕積疑不決，必敗其謀。怠惰忽略，必亂其政。人而不學，其猶正牆面而立，臨政事必煩。

“戒爾卿士，功崇惟志，業廣惟勤，惟克果斷，乃罔後艱。〔一〕位不期驕，祿不期侈。〔二〕恭儉惟德，無載爾偽。〔三〕作德，心逸日休。作偽，心勞日拙。〔四〕居寵思危，罔不惟畏，弗畏入畏。〔五〕推賢讓能，庶官乃和，不和政厖。〔六〕舉能其官，惟爾之能。稱匪其人，惟爾不任。”〔七〕

［一〕此戒凡有官位，但言卿士，舉其掌事者。功高由志，業廣由勤。惟能果斷行事，乃無後難。言多疑必致患。

［二〕貴不與驕期而驕自至，富不與侈期而侈自來。驕侈以行己，所以速亡。

［三〕言當恭儉，惟以立德，無行姦偽。

［四〕爲德，直道而行，於心逸豫，而名日美〔二〕。爲偽，飾巧百端，於心勞苦，而事日拙，不可爲。

［五〕言雖居貴寵，當思危懼，無所不畏，若乃不畏，則入可畏之刑。

［六〕賢能相讓，俊乂在官，所以和諧。厖，亂也。

［七〕所舉能修其官，惟亦汝之功能。舉非其人，亦惟汝之不勝其任。

〔一〕　無以利口辯佞亂其官　“辯”，底本作“辨”，據八行本、阮本改。
〔二〕　而名日美　“日”，阮本作“且”。

王曰："嗚呼，三事暨大夫，敬爾有官，亂爾有政。^[一]以佑乃辟，永康兆民，萬邦惟無斁。"^[二]

［一］歎而勅之。公卿巳下，各敬居汝所有之官，治汝所有之職。

［二］言當敬治官政，以助汝君，長安天下兆民，則天下萬國惟乃無厭我周德。

賄肅慎之命

　　成王既伐東夷[一]，肅慎來賀，[一]王俾榮伯作《賄肅慎之命》。[二]

　[一] 海東諸夷，駒麗、扶餘、馯貊之屬[二]，武王克商皆通道焉。成王即政而叛。王伐而服之，故肅慎氏來賀。

　[二] 榮，國名，同姓諸侯，爲卿大夫。王使之爲命書，以幣賄賜肅慎之夷。亡[三]。

〔一〕 成王既伐東夷 “成”，阮本作“武”。

〔二〕 馯貊之屬 “貊”，阮本作“貌”。

〔三〕 以幣賄賜肅慎之夷亡 “夷亡”，阮本作“來賀”。

亳　姑

　　周公在豐，^[一]將没，欲葬成周。^[二]公薨，成王葬于畢，^[三]告周公，作《亳姑》。^[四]

　　[一] 致政老歸。

　　[二] 己所營作，示終始念之。

　　[三] 不敢臣周公，故使近文、武之墓。

　　[四] 周公徙奄君於亳姑，因告柩以葬畢之義，並及奄君已定亳
　　　　姑。言所遷之功成。亡。

288

君陳第二十三

周公既没，命君陳分正東郊成周，^[一]作《君陳》。^[二]

[一] 成王重周公所營，故命君陳分居，正東郊成周之邑里官司。

[二] 作書命之。

君陳^[一]

王若曰："君陳，惟爾令德孝恭。^[二]惟孝，友于兄弟，克施有政。^[三]命汝尹兹東郊，敬哉。^[四]昔周公師保萬民，民懷其德。往慎乃司，兹率厥常。^[五]懋昭周公之訓，惟民其乂。^[六]

[一] 臣名也，因以名篇。

[二] 言其有令德，善事父母，行己以恭。

[三] 言善父母者必友于兄弟，能施有政令。

[四] 正此東郊，監殷頑民，教訓之。

[五] 言周公師安天下之民，民歸其德。今往承其業，當慎汝所主，此循其常法而教訓之。

[六] 勉明周公之教，惟民其治。

"我聞曰：'至治馨香，感于神明。黍稷非馨，明德惟馨。'^[一]爾尚式時周公之猷訓，惟日孜孜，無敢逸豫。^[二]凡人未見聖，若不克見；既見聖，亦不克由聖。^[三]爾其戒哉。爾惟風，下民惟草。^[四]圖厥政，莫或不艱。有廢有興，出入自爾師虞，庶言同則繹。^[五]爾有嘉謀嘉猷，則入告爾后于內，爾乃順之于外。^[六]曰：'斯謀斯猷，惟我后之德。'^[七]嗚呼，臣人咸若時，惟良顯哉。"^[八]

[一] 所聞上古聖賢之言〔一〕：政治之至者，芬芳馨氣動於神明。所謂芬芳，非黍稷之氣，乃明德之馨。勵之以德。

[二] 汝庶幾用是周公之道教殷民，惟當日孜孜勤行之，無敢自寬暇逸豫。

[三] 此言凡人有初無終，未見聖道，如不能得見；已見聖道，亦不能用之，所以無成。

[四] 汝戒，勿為凡人之行。民從上教而變，猶草應風而偃，不可不慎。

[五] 謀其政，無有不先慮其難。有所廢，有所起。出納之事，當用汝衆言度之，衆言同則陳而布之。禁其專。

[六] 汝有善謀善道，則入告汝君於內，汝乃順行之於外。

[七] 此善謀、此善道，惟我君之德。善則稱君，人臣之義。

[八] 歎而美之曰：臣於人者皆順此道，是惟良臣，則君顯明於世。

王曰："君陳，爾惟弘周公丕訓，無依勢作威，無倚法以削，^[一]寬而有制，從容以和。^[二]殷民在辟。予曰辟，爾惟勿辟；予曰宥，爾惟勿宥。惟厥中。^[三]有弗若于汝政，弗化于汝訓，辟以止辟，乃辟。^[四]狃于姦宄，敗常亂俗，三細不宥。^[五]

〔一〕 所聞上古聖賢之言 "上"，阮本作"之"。

［一］汝爲政當闡大周公之大訓，無乘勢位作威人上，無倚法制
以行刻削之政。

［二］寬不失制，動不失和，德教之治。

［三］殷人有罪在刑法者，我曰刑之，汝勿刑；我曰赦宥，汝勿
宥。惟其當以中正平理斷之。

［四］有不順於汝政，不變於汝教，刑之而懲止犯刑者，乃刑之。

［五］習於姦宄凶惡，毀敗五常之道，以亂風俗之教，罪雖小，
三犯不赦，所以絕惡源。

“爾無忿疾于頑，無求備于一夫。﹝一﹞必有忍，其乃有
濟。有容，德乃大。﹝二﹞簡厥修，亦簡其或不修。﹝三﹞進厥
良，以率其或不良。﹝四﹞惟民生厚，因物有遷。﹝五﹞違上所命，
從厥攸好。﹝六﹞爾克敬典在德，時乃罔不變，允升于大猷。﹝七﹞
惟予一人膺受多福。﹝八﹞其爾之休，終有辭於永世。”﹝九﹞

［一］人有頑嚚不喻，汝當訓之，無忿怒疾之。使人當器之，無
責備于一夫。

［二］爲人君長，必有所含忍，其乃有所成。有所包容，德乃爲
大。欲其忍恥藏垢。

［三］簡別其德行修者，亦別其有不修者。善以勸能，惡以沮否。

［四］進顯其賢良者，以率勉其有不良者，使爲善。

［五］言人自然之性敦厚，因所見所習之物有遷變之道，故必慎
所以示之。

［六］人之於上，不從其令，從其所好。故人主不可不慎所好。

［七］汝治人能敬，常在道德，是乃無不變化，其政教則信升於
大道。

［八］汝能升大道，則惟我一人，亦當受其多福。無凶危。

［九］非但我受多福而已，其汝之美名，亦終見稱誦於長世。言
　　　沒而不朽。

顧命第二十四

成王將崩，命召公、畢公^[一]率諸侯相康王，作
《顧命》。^[二]

〔一〕二公爲二伯，中分天下而治之。
〔二〕臨終之命曰顧命。

顧命^[一]
惟四月哉生魄，王不懌。^[二]甲子，王乃洮頮水^{〈一〉}，相
被冕服，憑玉几。^[三]乃同召太保奭、芮伯、彤伯、畢公、
衛侯、毛公、^[四]師氏、虎臣、百尹、御事。^[五]

〔一〕實命群臣，敕以要言。
〔二〕成王崩年之四月始生魄，月十六日。王有疾，故不悅懌。
〔三〕王大發大命，臨群臣，必齋戒沐浴^{〈二〉}。今疾病，故但洮盥頮
　　面，扶相者被以冠冕，加朝服，憑玉几以出命。
〔四〕同召六卿下至御治事。太保、畢、毛稱公，則三公矣。此
　　先後六卿次第^{〈三〉}。冢宰第一，召公領之。司徒第二，芮伯
　　爲之。宗伯第三，彤伯爲之。司馬第四，畢公領之。司寇
　　第五，衛侯爲之。司空第六，毛公領之。召、芮、彤、畢、
　　衛、毛，皆國名，入爲天子公卿。

〔一〕　王乃洮頮水　“王”，八行本無。
〔二〕　必齋戒沐浴　“齋”，八行本、阮本作“齊”。
〔三〕　此先後六卿次第　“此”，底本作“比”，據八行本、阮本改。

［五］師氏，大夫官。虎臣，虎賁氏。百尹，百官之長。及諸御
　　　治事者。

　　王曰："嗚呼，疾大漸，惟幾。^[一]病日臻，既彌留，
恐不獲誓言嗣，茲予審訓命汝。^[二]昔君文王、武王宣重光，
奠麗陳教則肄。^[三]肄不違，用克達殷，集大命。^[四]在後
之侗，敬迓天威，嗣守文、武大訓，無敢昏逾。^[五]今天降
疾殆，弗興弗悟。爾尚明時朕言，^[六]用敬保元子釗，弘濟
于艱難。^[七]柔遠能邇，安勸小大庶邦。^[八]思夫人自亂于
威儀。爾無以釗冒貢于非幾。"^[九]

［一］自歎其疾大進篤^{〔一〕}，惟危殆。
［二］病日至，言困甚。已久留，言無瘳。恐不得結信出言嗣續
　　　我志，以此故我詳審教命汝。
［三］言昔先君文、武，布其重光累聖之德，定天命，施陳教，
　　　則勤勞。
［四］文、武定命陳教，雖勞而不違道，故能通殷爲周^{〔二〕}，成其
　　　大命。
［五］在文、武後之侗稚，成王自斥。敬迓天之威命。言奉順。
　　　繼守文、武大教，無敢昏亂逾越。言戰慄畏懼。
［六］今天下疾我身，甚危殆，不起不悟。言必死。汝當庶幾明
　　　是我言，勿忽略。
［七］用奉我言，敬安太子釗。釗，康王名。大度於艱難，勤德政。

〔一〕自歎其疾大進篤　"歎"，八行本、阮本作"嘆"。
〔二〕故能通殷爲周　"通"，阮本作"適"。

〔八〕言當和遠，又能和近，安小大衆國，勸使爲善。

〔九〕群臣皆宜思夫人，夫人自治正於威儀，有威可畏，有儀可
　　象，然後足以率人。汝無以剑冒進于非危之事。

　茲既受命，還，〔一〕出綴衣于庭。越翼日乙丑，王崩。〔二〕
太保命仲桓、南宮毛，〔三〕俾爰齊侯呂伋，以二干戈、虎賁
百人，逆子剑于南門之外〔一〕，〔四〕延入翼室，恤宅宗。〔五〕

〔一〕此群臣已受顧命〔二〕，各還本位。

〔二〕綴衣，幄帳〔三〕。群臣既退，徹出幄帳於庭。王寢於北牖
　　下〔四〕，東首，反初生。於其明日，王崩。

〔三〕冢宰攝政，故命二臣。桓、毛，名。

〔四〕臣子皆侍左右，將正太子之尊，故出於路寢門外。使桓、
　　毛二臣各執干戈，於齊侯呂伋索虎賁百人，更新逆門外，
　　所以殊之。伋爲天子虎賁氏。

〔五〕明室路寢，延之使居憂，爲天下宗主。

　丁卯，命作册度。〔一〕越七日癸酉，伯相命士須材。〔二〕
狄設黼扆、綴衣。〔三〕牖間南嚮，敷重篾席，黼純，華玉仍
几。〔四〕西序東嚮，敷重厎席，綴純，文貝仍几。〔五〕東序
西嚮，敷重豐席，畫純，雕玉仍几〔五〕。〔六〕西夾南嚮，敷重

〔一〕逆子剑于南門之外　“于”，阮本作“於”。
〔二〕此群臣已受顧命　“顧”，阮本作“賜”。
〔三〕幄帳　“幄”，底本作“愰”，據八行本、阮本改。
〔四〕王寢於北牖下　“牖”，八行本、阮本作“墉”。
〔五〕雕玉仍几　“雕”，八行本作“彫”。

筍席，玄紛純，漆仍几。^[七]越玉五重，陳寶。^[八]

[一] 三日，命史爲册書法度，傳顧命於康王。

[二] 邦伯爲相，則召公。於丁卯七日癸酉，召公命士致材木，
　　須待以供喪用。

[三] 狄，下士。扆，屏風，畫爲斧文，置戶牖間。復設幄帳，
　　象平生所爲。

[四] 蔑，桃枝竹，白黑雜繒緣之。華，彩色。華玉以飾憑几。
　　仍，因也。因生時几，不改作。此見群臣、覲諸侯之坐。

[五] 東西廂謂之序。底，蒻葦。綴，雜彩。有文之貝飾几。此
　　旦夕聽事之坐^{〔一〕}。

[六] 豐，筵^{〔二〕}。彩色爲畫。雕^{〔三〕}，刻鏤。此養國老、饗群臣之坐。

[七] 西廂夾室之前。筍，蒻竹。玄紛，黑綬。此親屬私宴之坐，
　　故席几質飾。

[八] 於東西序坐北^{〔四〕}，列玉五重^{〔五〕}，又陳先王所寶之器物^{〔六〕}。

赤刀、大訓、弘璧、琬琰在西序。^[一]大玉、夷玉、天
球、河圖在東序。^[二]胤之舞衣、大貝、鼖鼓在西房。^[三]
兌之戈、和之弓、垂之竹矢在東房。^[四]大輅在賓階面。綴
輅在阼階面。^[五]先輅在左塾之前。次輅在右塾之前。^[六]

〔一〕 此旦夕聽事之坐 "夕"，八行本脱。

〔二〕 筵 "筵"，八行本、阮本作"莚"。

〔三〕 雕 "雕"，八行本作"彫"。

〔四〕 於東西序坐北 "北"，底本作"此"，據八行本、阮本改。

〔五〕 列玉五重 "玉"，底本作"王"，八行本、阮本作"玉"。

〔六〕 又陳先王所寶之器物 "王"，底本作"玉"，八行本、阮本作"王"。

［一］寶刀，赤刀削〔一〕。大訓，《虞書》典謨。大璧、琬琰之珪，
爲二重。

［二］三玉爲三重。夷，常也。球，雍州所貢。河圖，八卦。伏
羲氏王天下〔二〕，龍馬出河，遂則其文以畫八卦，謂之河圖。
及典謨，皆歷代傳寶之。

［三］胤國所爲舞者之衣，皆中法。大貝，如車渠。鼖鼓，長八
尺，商、周傳寶之。西房，西夾坐東。

［四］兊、和，古之巧人。垂，舜共工。所爲皆中法，故亦傳寶
之。東房，東廂夾室。

［五］大輅，玉。綴輅，金。面，前。皆南向。

［六］先輅，象。次輅，木。金、玉、象皆以飾車。木則無飾。
皆在路寢門内左右塾前，北面。凡所陳列，皆象成王生時
華國之事，所以重顧命。

　二人雀弁，執惠，立于畢門之内。〔一〕四人綦弁，執戈
上刃，夾兩階戺。〔二〕一人冕，執劉，立于東堂。一人冕，
執鉞，立于西堂。〔三〕一人冕，執戣，立于東垂。一人冕，
執瞿，立于西垂。〔四〕一人冕，執鋭，立于側階。〔五〕

［一］士衛殯，與在廟同，故雀韋弁。惠，三隅矛。路寢門，一
名畢門。

［二］綦，文鹿子皮。弁，亦士。堂廉曰戺，士所立處。

［三］冕，皆大夫也。劉，鉞屬。立於東西廂之前堂。

〔一〕赤刀削　"刀"，八行本作"刃"。

〔二〕伏羲氏王天下　"羲氏"，阮本作"犧"。

〔四〕戣、瞿，皆戟屬。立于東西下之階上。

〔五〕銳〔一〕，矛屬也。側階，北下立階上。

王麻冕黼裳，由賓階隮。〔一〕卿士、邦君，麻冕蟻裳，入即位。〔二〕太保、太史、太宗，皆麻冕彤裳。〔三〕太保承介圭，上宗奉同、瑁，由阼階隮。〔四〕太史秉書，由賓階隮，御王冊命。〔五〕曰：“皇后憑玉几，道揚末命，命汝嗣訓，〔六〕臨君周邦，率循大卞，〔七〕燮和天下，用答揚文、武之光訓。”〔八〕

〔一〕王及群臣皆吉服，用西階升，不敢當主。

〔二〕公卿大夫及諸侯皆同服，亦廟中之禮。蟻，裳名，色玄。

〔三〕執事各異裳。彤，纁也。太宗，上宗，即宗伯也。

〔四〕大圭，尺二寸，天子守之，故奉以奠康王所位。同，爵名。瑁，所以冒諸侯圭，以齊瑞信，方四寸，邪刻之。用阼階升，由便不嫌。

〔五〕太史持冊書顧命進康王，故同階。

〔六〕冊命之辭。大君，成王。言憑玉几所道，稱揚終命，所以感動康王。命汝繼嗣其道。言任重，因以託戒。

〔七〕用是道臨君周國，率群臣循大法。

〔八〕言用和道和天下，用對揚聖祖文、武之大教。敘成王意。

王再拜，興，答曰：“眇眇予末小子，其能而亂四方，以敬忌天威？”〔一〕乃受同、瑁。王三宿，三祭，三咤。〔二〕

〔一〕銳 “銳”，八行本作“鈗”。

上宗曰："饗。"^[三] 太保受同，降，^[四] 盥以異同，秉璋以酢。^[五] 授宗人同，拜。王答拜。^[六] 太保受同，祭，嚌。^[七] 宅，授宗人同，拜。王答拜。^[八] 太保降，收。^[九] 諸侯出廟門俟。^[一〇]

〔一〕 言微微我淺末小子，其能如父祖治四方，以敬忌天威德乎？謙辭，託不能。

〔二〕 王受瑁爲主，受同以祭。禮成於三，故酌者實三爵於王，王三進爵、三祭酒、三奠爵，告已受群臣所傳顧命。

〔三〕 祭必受福。讚王曰：饗福酒。

〔四〕 受王所饗同，下堂反於篚。

〔五〕 太保以盥手洗異同^{〔一〕}，實酒，秉璋以酢祭。半圭曰璋，臣所奉。王已祭，太保又祭。報祭曰酢。

〔六〕 宗人，小宗伯，佐太宗者^{〔二〕}。太宗供王^{〔三〕}，宗人供太保。拜白已傳顧命^{〔四〕}。故授宗人同，拜。王答拜，尊所受命。

〔七〕 太保既拜而祭^{〔五〕}，既祭，受福。嚌，至齒，則王亦至齒。王言饗，太保言嚌，互相備。

〔八〕 太保居其所，授宗人同，拜白成王以事畢^{〔六〕}。王答拜，敬所白。

〔一〕 太保以盥手洗異同　"洗"，阮本作"先"。

〔二〕 佐太宗者　"太宗者"，阮本作"大宗伯"。

〔三〕 太宗供王　此句阮本作"大宗供主"。

〔四〕 拜白已傳顧命　"白"，底本作"曰"，據八行本改。

〔五〕 太保既拜而祭　"保"，阮本作"宗"。

〔六〕 拜白成王以事畢　"成"，阮本同，國圖藏八行本作"戒"，足利學校藏八行本作"成"。

［九］太保下堂，則王亦可知[一]。有司於此盡收徹。

［一〇］言諸侯，則卿士已下亦可知。殯之所處，故曰廟。皆待
王後命[二]。

〔一〕 則王亦可知 “則王亦”，八行本作“立王下”。

〔二〕 皆待王後命 “皆”，阮本無。

康王之誥第二十五

康王既尸天子，^[一]遂誥諸侯，作《康王之誥》。^[二]

[一] 尸，主也，主天子之正號。

[二] 既受顧命，群臣陳戒，遂報誥之。因事曰遂。

康王之誥^[一]

王出在應門之內。^[二]太保率西方諸侯入應門左，畢公率東方諸侯入應門右，^[三]皆布乘黃朱。^[四]賓稱奉圭兼幣，曰："一二臣衛，敢執壤奠。"^[五]皆再拜稽首。王義嗣德，答拜。^[六]

[一] 求諸侯之見匡弼。

[二] 出畢門，立應門內之中庭，南面。

[三] 二公爲二伯，各率其所掌諸侯，隨其方爲位，皆北面。

[四] 諸侯皆陳四黃馬，朱鬣，以爲庭實。

[五] 賓，諸侯也。舉奉圭兼幣之辭。言一二，見非一也。爲蕃衛，故曰臣衛。來朝而遇國喪，遂因見新王，敢執壤地所出而奠贄也。

[六] 諸侯拜送幣而首至地，盡禮也。康王以義繼先人明德，答其拜，受其幣。

太保暨芮伯咸進，相揖，皆再拜稽首，^[一]曰："敢敬告天子，皇天改大邦殷之命。^[二]惟周文、武，誕受羑若，克恤西土。^[三]惟新陟王，畢協賞罰，戡定厥功，用敷遺後人休。^[四]今王敬之哉。^[五]張皇六師，無壞我高祖寡命。"^[六]

[一] 冢宰與司徒皆共群臣諸侯並進陳戒。不言諸侯，以內見外。

[二] 大天改大國殷之王命。謂誅紂也。

[三] 言文、武大受天道而順之，能憂我西土之民。本其所起。

[四] 惟周家新升王位，當盡和天下賞罰，能定其功，用布遺後
　　　人之美。言施及子孫無窮。

[五] 敬天道，務崇先人之美。

[六] 言當張大六師之眾，無壞我高德之祖寡有之教命。

王若曰："庶邦侯、甸、男、衛。^[一]惟予一人釗報誥。^[二]昔君文、武丕平富，不務咎，^[三]底至齊信，用昭明于天下。^[四]則亦有熊羆之士、不二心之臣，保乂王家。^[五]用端命于上帝。皇天用訓厥道，付畀四方。^[六]乃命建侯樹屏，在我後之人。^[七]今予一二伯父，尚胥暨顧，綏爾先公之臣，服于先王。^[八]雖爾身在外，乃心罔不在王室，^[九]用奉恤厥若，無遺鞠子羞。"^[一〇]

群公既皆聽命，相揖趨出。^[一一]王釋冕，反喪服。^[一二]

[一] 順其戒而告之。不言群臣，以外見內。

[二] 報其戒。

[三] 言先君文、武道大，政化平美，不務咎惡。

[四] 致行至中信之道，用顯明於天下。言聖德洽^{〔一〕}。

〔一〕 言聖德洽 "洽"，阮本作 "治"。

［五］言文、武既聖，則亦有勇猛如熊羆之士、忠一不二心之臣，共安治王家。

［六］君聖臣良，用受端直之命於上天。大天用順其道，付與四方之國，王天下。

［七］言文、武乃施政令〔一〕，立諸侯，樹以爲蕃屏，傳王業在我後之人。謂子孫。

［八］天子稱同姓諸侯曰伯父。言今我一二伯父庶幾相與顧念文、武之道，安汝先公之臣，服於先王而法循之。

［九］言雖汝身在外土爲諸侯〔二〕，汝心常當忠篤，無不在王室。"熊羆之士"勵朝臣，此督諸侯。

［一〇］當各用心奉憂其所行順道，無自荒怠，遺我稚子之羞辱。稚子，康王自謂也。

［一一］已聽誥命，趨出罷退。諸侯歸國，朝臣就次。

［一二］脱去黼冕，反服喪服，居倚廬。

〔一〕　言文武乃施政令　"乃"，八行本作"仍"。

〔二〕　言雖汝身在外土爲諸侯　"土"，阮本作"之"。

尚書卷第十二　周書

尚書卷第十二　周書

孔　氏　傳

畢命第二十六

康王命作册畢分居里，^[一]成周郊，^[二]作《畢命》。

[一] 命爲册書，以命畢公^[一]。
[二] 分别民之居里，異其善惡。成定東周郊境，使有保護。

畢命^[一]

惟十有二年六月庚午胐，^[二]越三日壬申，王朝步自宗周，至于豐。^[三]以成周之衆，命畢公保釐東郊。^[四]

[一] 言畢公見命之書。
[二] 康王即位十二年六月三日庚午。
[三] 於胐三日壬申，王朝行自宗周，至于豐。宗周，鎬京。豐，
　　文王所都。
[四] 用成周之民衆命畢公，使安理治正成周東郊，令得所。

王若曰：“嗚呼，父師，惟文王、武王敷大德于天下，

―――――

〔一〕 以命畢公 “命”，八行本作“爲”。

用克受殷命。^[一]惟周公左右先王，綏定厥家，^[二]慗殷頑民，遷于洛邑，密邇王室，式化厥訓。^[三]既歷三紀，世變風移，四方無虞，予一人以寧。^[四]道有升降，政由俗革，不臧厥臧，民罔攸勸。^[五]惟公懋德，克勤小物，弼亮四世，正色率下，罔不祗師言。^[六]嘉績多于先王，予小子垂拱仰成。”^[七]

[一] 王順其事歎告畢公，代周公爲大師，爲東伯，命之代君陳。言文、武布大德於天下，故天佑之，用能受殷之王命〔一〕。

[二] 言周公助先王安定其家。

[三] 慎殷頑民〔二〕，恐其叛亂，故徙於洛邑，密近王室，用化其教。

[四] 言殷民遷周已經三紀，世代民易，頑者漸化，四方無可度之事，我天子用安矣。十二年曰紀。父子曰世。

[五] 天道有上下交接之義，政教有用俗改更之理。民之俗善，以善養之。俗有不善，以法御之。若乃不善其善，則民無所勸慕。

[六] 言公勉行德，能勤小物，輔佐文、武、成、康四世，爲公卿，正色率下，下人無不敬仰師法。

[七] 公之善功多，大先人之美。我小子爲王，垂拱仰公成理〔三〕。言其上顯父兄，下施子孫。

〔一〕 用能受殷之王命 “之王”，八行本同，阮本作“王之”。
〔二〕 慎殷頑民 “慎”，八行本同，阮本作“惟”。
〔三〕 垂拱仰公成理 “成”，底本字畫缺損，八行本、阮本作“成”。

王曰："嗚呼，父師，今予祗命公以周公之事，往哉。[一] 旌別淑慝，表厥宅里，彰善癉惡，樹之風聲。[二] 弗率訓典，殊厥井疆，俾克畏慕。[三] 申畫郊圻，慎固封守，以康四海。[四] 政貴有恒，辭尚體要，不惟好異。[五] 商俗靡靡，利口惟賢，餘風未殄。公其念哉。[六]

[一] 今我敬命公以周公所爲之事往爲之哉。言非周公所爲，不敢枉公往治。

[二] 言當識別頑民之善惡，表異其居里，明其爲善，病其爲惡，立其善風，揚其善聲。

[三] 其不循教道之常，則殊其井居田界，使能畏爲惡之禍，慕爲善之福，所以沮勸。

[四] 郊圻雖舊所規畫，當重分明之。又當謹慎堅固封疆之守備，以安四海。京圻安，則四海安矣。

[五] 政以仁義爲常。辭以理實爲要，故貴尚之。若異於先王，君子所不好。

[六] 紂以靡靡利口惟賢，覆亡國家。今殷民利口餘風未絕，公其念絕之。

"我聞曰，世祿之家，鮮克由禮，以蕩陵德，實悖天道。[一] 敝化奢麗，萬世同流。[二] 茲殷庶士，席寵惟舊，怙侈滅義，服美于人。[三] 驕淫矜侉，將由惡終。雖收放心，閑之惟艱。[四] 資富能訓，惟以永年。惟德惟義，時乃大訓。不由古訓，于何其訓。"[五]

[一] 特言我聞自古有之，世有祿位而無禮教，少不以放蕩陵邈

有德者。如此實亂天道。

［二］言敝俗相化，車服奢麗，雖相去萬世，若同一流。

［三］此殷衆士，居寵日久，怙恃奢侈，以滅德義，服飾過制，
　　　美於其民。言僭上。

［四］言殷衆士驕恣過制，矜其所能，以自侈大。如此不變，將
　　　用惡自終。雖今順從周制，心未壓服〔一〕。以禮閑禦其心，
　　　惟難。

［五］以富資而能順義，則惟可以長年命矣。惟有德義，是乃大
　　　順。若不用古訓典籍，於何其能順乎？

　　王曰：“嗚呼，父師，邦之安危，惟茲殷士。不剛不
柔，厥德允修。〔一〕惟周公克慎厥始，惟君陳克和厥中，惟
公克成厥終。〔二〕三后協心，同底于道。道洽政治，澤潤生
民。〔三〕四夷左衽，罔不咸賴，予小子永膺多福。〔四〕公其
惟時成周，建無窮之基，亦有無窮之聞。〔五〕子孫訓其成式，
惟乂。〔六〕嗚呼，罔曰弗克，惟既厥心。〔七〕罔曰民寡，惟
慎厥事。〔八〕欽若先王成烈，以休于前政。”〔九〕

［一］言邦國所以安危，惟在和此殷士而已。治之不剛不柔，寬
　　　猛相濟，則其德政信修立。

［二］周公遷殷頑民，以消亂階，能慎其始。君陳弘周公之訓，
　　　能和其中。畢公闡二公之烈，能成其終。

［三］三君合心爲一，終始相成，同致于道，道至普洽，政化治
　　　理。其德澤惠施，乃浸潤生民。言三君之功不可不尚。

―――――――
〔一〕 心未壓服　“壓”，八行本同，阮本作“厭”。

〔四〕言東夷、西戎、南蠻、北狄，被髮左袵之人，無不皆恃賴三君之德。我小子亦長受其多福。

〔五〕公其惟以是成周之治，爲周家立無窮之基業，於公亦有無窮之名，聞於後世〔一〕。

〔六〕言後世子孫順公之成法，惟以治。

〔七〕人之爲政，無曰不能，惟在盡其心而已。

〔八〕無曰人少不足治也，惟在慎其政事，無敢輕之。

〔九〕敬順文、武成業，以美於前人之政。所以勉畢公。

〔一〕　聞於後世　此句首阮本有“以”字。

君牙第二十七

穆王命君牙爲周大司徒，^{〔一〕}作《君牙》。^{〔二〕}

〔一〕穆王，康王孫，昭王子。

〔二〕君牙，臣名。

君牙^{〔一〕}

王若曰："嗚呼，君牙，^{〔二〕}惟乃祖乃父，世篤忠貞，服勞王家，厥有成績，紀于太常。^{〔三〕}惟予小子，嗣守文、武、成、康遺緒，亦惟先王之臣^{〔一〕}，克左右亂四方。^{〔四〕}心之憂危，若蹈虎尾，涉于春冰。^{〔五〕}

〔一〕命以其名，遂以名篇。

〔二〕順其事而歎，稱其名而命之。

〔三〕言汝父祖世厚忠貞，服事勤勞王家，其有成功，見紀錄書於王之太常^{〔二〕}，以表顯之。王之旌旗，畫日月曰太常。

〔四〕惟我小子繼守先王遺業，亦惟父祖之臣，能佐助我治四方。言己無所能。

〔五〕言祖業之大，己才之弱，故心懷危懼。虎尾畏噬，春冰畏陷，危懼之甚。

〔一〕亦惟先王之臣　"王"，阮本作"正"。

〔二〕見紀錄書於王之太常　"於"，阮本作"于"。

　　"今命爾予翼，作股肱心膂。^[一]纘乃舊服，無忝祖考。弘敷五典，式和民則。^[二]爾身克正，罔敢弗正，民心罔中，惟爾之中。^[三]夏暑雨，小民惟曰怨咨。^[四]冬祁寒，小民亦惟曰怨咨。^[五]厥惟艱哉。思其艱以圖其易，民乃寧。^[六]

　　［一］今命汝爲我輔翼股肱心體之臣。言委任。

　　［二］繼汝先祖故所服忠勤，無辱累祖考之道。大布五常之教，用和民，令有法則。

　　［三］言汝身能正，則下無敢不正。民心無中，從汝取中。必當正身，示民以中正。

　　［四］夏月暑雨，天之常道，小人惟曰怨歎咨嗟。言心無中也。

　　［五］冬大寒，亦天之常道，民猶怨嗟^{〔一〕}。

　　［六］天不可怨，民猶怨嗟，治民其惟難哉。當思慮其難，以謀其易，民乃安^{〔二〕}。

　　"嗚呼，丕顯哉，<u>文</u>王謨。^[一]丕承哉，<u>武</u>王烈。^[二]啓佑我後人，咸以正，罔缺。^[三]爾惟敬明乃訓，用奉若于先王，^[四]對揚<u>文</u>、<u>武</u>之光命，追配于前人。"^[五]

　　王若曰："<u>君牙</u>，乃惟由先正舊典時式，民之治亂在茲。^[六]率乃祖考之攸行，昭乃辟之有义。"^[七]

　　［一］歎<u>文</u>王所謀大顯明。

　　［二］言<u>武</u>王業美，大可承奉。

〔一〕民猶怨嗟　"嗟"，<u>阮</u>本作"咨"。

〔二〕民乃安　"安"，<u>阮</u>本作"寧"。

［三］文、武之謀業大明，可承奉，開助我後嗣皆以正道，無
邪缺。

［四］汝惟當敬明汝五教，用奉順於先王之道。

［五］言當答揚文、武光明之命，君臣各追配於前令名之人。

［六］汝惟當奉用先正之臣所行故事，舊典文籍是法，民之治亂
在此而已。用之則民治，廢之則民亂。

［七］言當循汝父祖之所行，明汝君之有治功。

囧命第二十八

穆王命伯囧爲周太僕正，^[一]作《囧命》。

[一] 伯囧，臣名也。太僕，長太御，中大夫。

囧命^[一]

王若曰："伯囧，惟予弗克于德，嗣先人宅丕后。^[二]
怵惕惟厲，中夜以興，思免厥愆。^[三]昔在文、武，聰明齊
聖。小大之臣，咸懷忠良。^[四]其侍御僕從，罔匪正人。^[五]
以旦夕承弼厥辟，出入起居，罔有不欽。^[六]發號施令，罔
有不臧。下民祗若，萬邦咸休。^[七]惟予一人無良，實賴左
右前後有位之士，匡其不及，^[八]繩愆糾謬，格其非心，俾
克紹先烈。^[九]

[一] 以囧見命名篇。

[二] 順其事以命伯囧。言我不能於道德繼先人，居大君之位。
人輕任重。

[三] 言常悚懼惟危，夜半以起，思所以免其過悔。

[四] 聰明視聽遠齊通，無滯礙。臣雖官有尊卑，無不忠良。

[五] 雖給侍、進御、僕役、從官，官雖微，無不用中正之人。

[六] 小臣皆良，僕役皆正，以旦夕承輔其君，故君出入起居無
有不敬。

[七] 言文、武發號施令無有不善。下民敬順其命，萬國皆美
其化。

315

[八] 惟我一人無善，實恃左右前後有職位之士，匡正其不及。
　　　言此責群臣正己。

[九] 言恃左右之臣彈正過誤^{〔一〕}，檢其非妄之心，使能繼先王之
　　　功業。

　　"今予命汝作大正，正于群僕侍御之臣。^[一] 懋乃后德，
交修不逮。^[二] 慎簡乃僚，無以巧言令色，便辟側媚，其惟
吉士。^[三] 僕臣正，厥后克正。僕臣諛，厥后自聖。^[四] 后
德惟臣，不德惟臣。^[五] 爾無昵于憸人，充耳目之官，迪上
以非先王之典。^[六] 非人其吉，惟貨其吉。^[七] 若時，瘝厥
官。^[八] 惟爾大弗克祗厥辟^{〔二〕}，惟予汝辜。"^[九]
　　王曰："嗚呼，欽哉。永弼乃后于彝憲。"^[一〇]

[一] 欲其教正群僕，無敢佞偏。

[二] 言侍御之臣，無小大親疎，皆當勉汝君爲德，更代修進其
　　　所不及。

[三] 當謹慎簡選汝僚屬侍臣，無得用巧言無實、令色無質、便
　　　辟足恭、側媚諂諛之人，其惟皆吉良正士。

[四] 言僕臣皆正，則其君乃能正。僕臣諂諛，則其君乃自謂聖。

[五] 君之有德，惟臣成之。君之無德，惟臣誤之。言君所行善
　　　惡，專在左右。

[六] 汝無親近於憸利小子之人，充備侍從，在視聽之官，道君
　　　上以非先王之法。

〔一〕 言恃左右之臣彈正過誤　"恃"，阮本作"侍"。
〔二〕 惟爾大弗克祗厥辟　"祗"，阮本作"祗"。

［七］若非人其實吉良，惟以貨財配其吉良，以求入於僕侍之臣，
　　　汝當清審。

［八］若用是行貨之人，則病其官職。

［九］用行貨之人〔一〕，則惟汝大不能敬其君，惟我則亦以此罪汝。
　　　言不忠也。

［一〇］歎而勑之，使敬用所言，當長輔汝君於常法。此穆王庶
　　　幾欲蹈行常法。

<hr>

〔一〕用行貨之人　"用"，底本作"月"，據八行本、阮本改。

呂刑第二十九

呂命，^[一]穆王訓夏贖刑，^[二]作《呂刑》。

[一] 呂侯見命爲天子司寇。
[二] 呂侯以穆王命作書，訓暢夏禹贖刑之法，更從輕以布告天下。

呂刑^[一]
惟呂命，王享國百年，耄荒，^[二]度作刑以詰四方。^[三]

[一] 後爲甫侯，故或稱《甫刑》。
[二] 言呂侯見命爲卿，時穆王以享國百年，耄亂荒忽。穆王即位過四十矣。言百年大期，雖老而能用賢，以揚名。
[三] 度時世所宜，訓作贖刑，以治天下四方之民。

王曰："若古有訓，蚩尤惟始作亂，延及于平民，^[一]罔不寇賊鴟義，姦宄奪攘矯虔。^[二]苗民弗用靈，制以刑，惟作五虐之刑，曰法。^[三]殺戮無辜，爰始淫爲劓、刵、椓^[一]、黥。^[四]越茲麗刑，并制罔差有辭。^[五]民興胥漸，泯泯棼棼，罔中于信，以覆詛盟。^[六]虐威庶戮，方告無辜于上。上帝監民，罔有馨香，德刑發聞惟腥。^[七]皇帝哀矜庶戮之不辜，報虐以威，遏絕苗民，無世在下。^[八]

〔一〕椓 "椓"，阮本作"椓"。

318

［一］順古有遺訓，言蚩尤造始作亂，惡化相易，延及於平善之
　　人。九黎之君號曰蚩尤。

［二］平民化之，無不相寇賊，爲鴟梟之義，以相奪攘，矯稱上
　　命，若固有之。亂之甚。

［三］三苗之君習蚩尤之惡，不用善化民，而制以重刑，惟爲五
　　虐之刑，自謂得法。蚩尤，黄帝所滅。三苗，帝堯所誅。
　　言異世而同惡。

［四］三苗之主，頑凶苦民〔一〕，敢行虐刑，以殺戮無罪。於是始大
　　爲截人耳鼻、㭬陰、黥面，以加無辜，故曰五虐。

［五］苗民於此施刑，并制無罪，無差有直辭者。言淫濫。

［六］三苗之民漬於亂政，起相漸化，泯泯爲亂，棼棼同惡，皆
　　無中於信義，以反背詛盟之約。

［七］三苗虐政作威，衆被戮者方方各告無罪於天，天視苗民無
　　有馨香之行，其所以爲德刑，發聞惟乃腥臭。

［八］皇帝，帝堯也。哀矜衆被戮者之不辜，乃報爲虐者以威，
　　誅遏絶苗民，使無世位在下國也。

　"乃命重、黎，絶地天通，罔有降格。〔一〕群后之逮在
下，明明棐常，鰥寡無蓋。〔二〕皇帝清問下民，鰥寡有辭于
苗。〔三〕德威惟畏，德明惟明。〔四〕

［一］重即羲，黎即和。堯命羲、和世掌天地四時之官，使人神
　　不擾，各得其序，是謂絶地天通。言天神無有降地，地祇
　　不至於天，明不相干。

〔一〕頑凶苦民　"苦"，八行本、阮本作"若"。

〔二〕群后諸侯之逮在下國，皆以明明大道輔行常法，故使鰥寡
　　　得所，無有掩蓋。

〔三〕帝堯詳問民患，皆有辭怨於苗民。

〔四〕言堯監苗民之見怨，則又增修其德。行威則民畏服，明賢
　　　則德明。人所以無能名焉。

"乃命三后，恤功于民。伯夷降典，折民惟刑。禹平水
土，主名山川。稷降播種，農殖嘉穀。〔一〕三后成功，惟
殷于民。〔二〕士制百姓于刑之中，以教祗德。〔三〕穆穆在上，
明明在下，灼于四方，罔不惟德之勤。〔四〕故乃明于刑之中，
率乂于民棐彝。〔五〕典獄非訖于威，惟訖于富。〔六〕敬忌，
罔有擇言在身。〔七〕惟克天德，自作元命，配享在下。"〔八〕

〔一〕伯夷下典禮，教民而斷以法。禹治洪水，山川無名者主名
　　　之。后稷下教民播種，農畝生善穀。所謂堯命三君，憂功
　　　於民。

〔二〕各成其功，惟所以殷盛於民。言禮教備，衣食足。

〔三〕言伯夷道民典禮，斷之以法。皋陶作士，制百官於刑之中，
　　　助成道化，以教民爲敬德。

〔四〕堯躬行敬敬在上，三后之徒秉明德，明君道於下，灼然彰
　　　著四方，故天下之士，無不惟德之勤。

〔五〕天下皆勤立德，故乃能明於用刑之中正，循道以治於民，
　　　輔成常教。

〔六〕言堯時主獄有威有德有怨，非絕於威，惟絕於富。世治，
　　　貨賂不行。

〔七〕堯時典獄皆能敬其職，忌其過，故無有可擇之言在其身。

［八］凡明於刑之中，無擇言在身，必是惟能天德，自爲大命，配享天意，在於天下。

王曰：“嗟，四方司政典獄，非爾惟作天牧？^[一]今爾何監？非時伯夷播刑之迪？^[二]其今爾何懲？惟時苗民，匪察于獄之麗，^[三]罔擇吉人，觀于五刑之中，惟時庶威奪貨，^[四]斷制五刑，以亂無辜。上帝不蠲，降咎于苗。^[五]苗民無辭于罰，乃絶厥世。”^[六]

［一］主政典獄，謂諸侯也。非汝惟爲天牧民乎？言任重是汝。

［二］當視是伯夷布刑之道而法之^{〔一〕}。

［三］其今汝何懲戒乎？所懲戒惟是苗民，非察於獄之施刑，以取滅亡。

［四］言苗民無肯選擇善人，使觀視五刑之中正，惟是衆爲威虐者任之，以奪取人貨，所以爲亂。

［五］苗民任奪貨姦人斷制五刑，以亂加無罪。天不絜其所爲^{〔二〕}，故下咎罪。謂誅之。

［六］言罪重，無以辭於天罰，故堯絶其世。申言之，爲至戒。

王曰：“嗚呼，念之哉。^[一]伯父、伯兄、仲叔、季弟、幼子、童孫，皆聽朕言，庶有格命。^[二]今爾罔不由慰日勤。爾罔或戒不勤。^[三]天齊于民，俾我。一日非終，惟終在人。^[四]爾尚敬逆天命，以奉我一人。雖畏勿畏，雖休勿

〔一〕　當視是……而法之　“當”，八行本、阮本作“言當”。

〔二〕　天不絜其所爲　“絜”，阮本作“潔”。

休。^{〔五〕}惟敬五刑，以成三德。一人有慶，兆民賴之，其寧
惟永。"^{〔六〕}

〔一〕念以伯夷爲法，苗民爲戒。

〔二〕皆王同姓^{〔一〕}，有父、兄、弟、子、孫列者。伯、仲、叔、
季，順少長也。舉同姓，包異姓，言不殊也。聽從我言，
庶幾有至命。

〔三〕今汝無不用安自居，日當勤之。汝無有徒念戒而不勤。

〔四〕天整齊於下民，使我爲之。一日所行，非爲天所終，惟爲
天所終，在人所行。

〔五〕汝當庶幾敬逆天命，以奉我一人之戒。行事雖見畏，勿自
謂可敬畏。雖見美，勿自謂有德美。

〔六〕先戒以勞謙之德，次教以惟敬五刑，所以成剛、柔、正直
之三德也。天子有善，則兆民賴之，其乃安寧長久之道。

王曰："吁，來，有邦有土，告爾祥刑。^{〔一〕}在今爾安
百姓，何擇非人？何敬非刑？何度非及？^{〔二〕}兩造具備，師
聽五辭。^{〔三〕}五辭簡孚，正于五刑。^{〔四〕}五刑不簡，正于五
罰。^{〔五〕}五罰不服，正于五過。^{〔六〕}五過之疵：惟官，惟反，
惟內，惟貨，惟來。^{〔七〕}其罪惟均，其審克之。^{〔八〕}五刑之
疑有赦，五罰之疑有赦，其審克之。^{〔九〕}簡孚有眾，惟貌有
稽。^{〔一〇〕}無簡不聽，具嚴天威。^{〔一一〕}

〔一〕吁，歎也。有國土諸侯，告汝以善用刑之道。

〔一〕皆王同姓 "王"，阮本作"石"。

［二］在今爾安百姓兆民之道，當何所擇？非惟吉人乎？當何所
　　敬？非惟五刑乎？當何所度？非惟及世輕重所宜乎？

［三］兩謂囚、證。造，至也。兩至具備，則衆獄官共聽其入五
　　刑之辭。

［四］五辭簡核，信有罪驗，則正之於五刑。

［五］不簡核，謂不應五刑。當正五罰，出金贖罪。

［六］不服，不應罰也。正於五過，從赦免。

［七］五過之所病，或嘗同官位，或詐反囚辭，或内親用事，或
　　行貨枉法，或舊相往來，皆病所在。

［八］以病所在，出入人罪，使在五過，罪與犯法者同。其當清
　　察，能使之不行。

［九］刑疑赦從罰，罰疑赦從免。其當清察，能得其理。

［一〇］簡核誠信，有合衆心。惟察其貌，有所考合，重刑之至。

［一一］無簡核誠信，不聽理其獄〔一〕，皆當嚴敬天威，無輕
　　　用刑。

　　“墨辟疑赦，其罰百鍰，閱實其罪。〔一〕劓辟疑赦，其
罰惟倍，閱實其罪。〔二〕剕辟疑赦，其罰倍差，閱實其
罪。〔三〕宮辟疑赦，其罰六百鍰，閱實其罪。〔四〕大辟疑赦，
其罰千鍰，閱實其罪。〔五〕墨罰之屬千，劓罰之屬千，剕
罰之屬五百，宮罰之屬三百，大辟之罰其屬二百，五刑之屬
三千。〔六〕

　　［一〕刻其顙而涅之曰墨刑，疑則赦從罰。六兩曰鍰。鍰，黃鐵

〔一〕　不聽理其獄　“其”，阮本作“具”。

也。閱實其罪，使與罰名相當[一]。

[二] 截鼻曰劓刑。倍百爲二百鍰。

[三] 刖足曰剕。倍差，謂倍之又半，爲五百鍰。

[四] 宮，淫刑也，男子割勢，婦人幽閉，次死之刑。序五刑，先輕，轉至重者，事之宜。

[五] 死刑也。五刑疑，各入罰，不降相因，古之制也。

[六] 別言罰屬，合言刑屬，明刑罰同屬，互見其義以相備。

"上下比罪，無僭亂辭，勿用不行。[一] 惟察惟法，其審克之。[二] 上刑適輕，下服。[三] 下刑適重，上服。輕重諸罰有權。[四] 刑罰世輕世重，惟齊非齊，有倫有要。[五] 罰懲非死，人極于病。[六] 非佞折獄，惟良折獄，罔非在中。[七] 察辭于差，非從惟從。[八] 哀敬折獄，明啓刑書胥占，咸庶中正。[九] 其刑其罰，其審克之。[一〇] 獄成而孚，輸而孚。[一一] 其刑上備，有并兩刑。"[一二]

[一] 上下比方其罪，無聽僭亂之辭以自疑，勿用折獄，不可行。

[二] 惟當清察罪人之辭，附以法理，其當詳審能之。

[三] 重刑有可以虧減，則之輕服下罪。

[四] 一人有二罪則之重，而輕并數，輕重諸刑罰各有權宜。

[五] 言刑罰隨世輕重也。刑新國用輕典，刑亂國用重典，刑平國用中典。凡刑所以齊非齊，各有倫理，有要善。

[六] 刑罰所以懲過，非殺人，欲使惡人極於病苦，莫敢犯者。

[七] 非口才可以斷獄，惟平良可以斷獄，無不在中正。

〔一〕使與罰名相當 "名"，阮本作"各"。

［八］察囚辭，其難在於差錯。非從其偽辭，惟從其本情。

［九］當憐下人之犯法，敬斷獄之害人。明開刑書，相與占之，使刑當其罪，皆庶幾必得中正之道。

［一〇］其所刑，其所罰，其當詳審能之，無失中正。

［一一］斷獄成辭而信，當輸汝信於王。謂上其鞫劾文辭〔一〕。

［一二］其斷刑文書上王府，皆當備具，有并兩刑，亦具上之。

王曰："嗚呼，敬之哉。官伯族姓，朕言多懼。^{［一］}朕敬于刑，有德惟刑。^{［二］}今天相民，作配在下。明清于單辭。^{［三］}民之亂，罔不中聽獄之兩辭。^{［四］}無或私家于獄之兩辭。^{［五］}獄貨非寶，惟府辜功，報以庶尤。^{［六］}永畏惟罰，非天不中，惟人在命。^{［七］}天罰不極，庶民罔有令政在于天下。"^{［八］}

［一］敬之哉，告使敬刑。官長，諸侯。族，同族。姓，異姓也。我言多可戒懼，以儆之。

［二］我敬於刑，當使有德者惟典刑。

［三］今天治民，人君爲配天在下，當承天意。聽訟當清審單辭。單辭特難聽，故言之。

［四］民之所以治，由典獄之無不以中正聽獄之兩辭。兩辭棄虛從實，刑獄清則民治。

［五］典獄無敢有受貨聽詐，成私家於獄之兩辭。

［六］受獄貨，非家寶也。惟聚罪之事，其報則以眾人見罪。

［七］當長畏懼惟爲天所罰，非天道不中，惟人在教命使不中。

〔一〕　謂上其鞫劾文辭　"鞫"，阮本作"鞠"。

不中則天罰之。

[八] 天道罰不中，令眾民無有善政在於天下，由人主不中，將
　　亦罰之。

　　王曰：“嗚呼，嗣孫，今往何監？非德于民之中？尚
明聽之哉。[一]哲人惟刑，無疆之辭，屬于五極，咸中有
慶。[二]受王嘉師，監于茲祥刑。”[三]

[一] 嗣孫，諸侯嗣世子孫，非一世。自今已往，當何監視？非
　　當立德於民，爲之中正乎？庶幾明聽我言而行之哉。

[二] 言智人惟用刑，乃有無窮之善辭，名聞於後世。以其折獄
　　屬五常之中正，皆中有善，所以然也。

[三] 有邦有土，受王之善眾而治之者，視於此善刑，欲其勤而
　　法之，爲無疆之辭。

尚書卷第十三　周書

尚書卷第十三　周書

孔　氏　傳

文侯之命第三十

平王錫晉文侯秬鬯、圭瓚，[一]作《文侯之命》。[二]

[一] 以圭爲杓柄，謂之圭瓚。

[二] 所以名篇。幽王爲犬戎所殺，平王立而東遷洛邑，晉文侯
　　迎送安定之，故錫命焉。

文侯之命 [一]

王若曰："父義和，[二]丕顯文、武，克慎明德，[三]昭
升于上，敷聞在下。惟時上帝，集厥命于文王。[四]亦惟先
正，克左右昭事厥辟。[五]越小大謀猷，罔不率從，肆先祖
懷在位。[六]

[一] 平王命爲侯伯。

[二] 順其功而命之。文侯同姓，故稱曰父。義和，字也。稱父
　　者非一人，故以字別之。

[三] 大明乎文王、武王之道，能詳慎顯用有德。

[四] 更述文王所以王也。言文王聖德明升于天，而布聞在下

民〔一〕。惟以是故，上天集成其王命，德流子孫。

[五] 言君既聖明，亦惟先正官賢臣能，左右明事其君所以然。

[六] <u>文王</u>君聖臣良，於小大所謀道德，天下無不循從其化，故
　　我後世先祖歸在王位。

"嗚呼，閔予小子嗣，造天丕愆。〔一〕殄資澤于下民，
侵戎我國家純。〔二〕即我御事，罔或耆壽俊在厥服，予則罔
克。〔三〕曰：'惟祖惟父，其伊恤朕躬。'嗚呼，有績，予
一人永綏在位。〔四〕父<u>義和</u>，汝克昭乃顯祖〔二〕。〔五〕汝肇刑<u>文</u>、
<u>武</u>，用會紹乃辟，追孝于前文人。〔六〕汝多修，扦我于艱，
若汝予嘉。"〔七〕

[一] 歎而自痛傷也。言我小子而遭天大罪過，父死國敗，祖業
　　隤隕。

[二] 言<u>周</u>邦喪亂，絕其資用惠澤於下民，侵兵傷我國及卿大夫
　　之家，禍甚大。

[三] 所以遭禍，即我治事之臣，無有耆宿、壽考、俊德在其服
　　位，我則材劣無能之致。

[四] 王曰：同姓諸侯在我惟祖惟父列者，其惟當憂念我身。嗚
　　呼，能有成功，則我一人長安在王位。言恃諸侯。

[五] 重稱字，親之。不稱名，尊之。言汝能明汝顯祖<u>唐叔</u>之道。
　　獎之。

[六] 言汝今始法<u>文</u>、<u>武</u>之道矣，當用是道合會繼汝君以善，使

〔一〕 而布聞在下民　"民"，阮本作"居"。
〔二〕 汝克昭乃顯祖　"昭"，阮本作"紹"。

追孝於前文德之人。汝君，<u>平王</u>自謂也。繼先祖之志爲孝。

〔七〕戰功日多。言汝之功多，甚修矣，乃扞我於艱難。謂救<u>周</u>
誅<u>犬戎</u>，汝功我所善之。

王曰："父<u>義和</u>，其歸視爾師，寧爾邦。〔一〕用賚爾秬
鬯一卣，〔二〕彤弓一，彤矢百，盧弓一，盧矢百，〔三〕馬四
匹。〔四〕父往哉。柔遠能邇，惠康小民，無荒寧。〔五〕簡恤
爾都，用成爾顯德。"〔六〕

〔一〕遣令還<u>晉</u>國，其歸視汝衆〔一〕，安汝國內上下。

〔二〕黑黍曰秬，釀以鬯草。不言圭瓚，可知。卣，中罇也。當
　　以錫命告其始祖，故賜鬯。

〔三〕彤，赤。盧，黑也。諸侯有大功，賜弓矢，然後專征伐。
　　彤弓以講德習射，藏示子孫。

〔四〕馬供武用。四匹曰乘。侯伯之賜無常，以功大小爲度。

〔五〕父往歸國哉。懷柔遠人必以文德。能柔遠者必能柔近，然
　　後國安。安小人之道必以順，無荒廢人事而自安。

〔六〕當簡核汝所任，憂治汝都鄙之人。人和政治，則汝顯用有
　　德之功成矣。不言鄙，由近以及遠。

〔一〕其歸視汝衆　"視"，底本幾成墨釘，八行本、<u>阮</u>本作"視"。

費誓第三十一

魯侯伯禽宅曲阜。[一]徐夷并興，東郊不開。[二]作《費誓》。[三]

[一]始封之國[一]，居曲阜。

[二]徐戎、淮夷並起爲寇於魯，故東郊不開。

[三]魯侯征之於費地而誓衆也。諸侯之事而連帝王。孔子序《書》，以魯有治戎征討之備，秦有悔過自誓之戒，足爲世法，故錄以備王事。猶《詩》錄商、魯之頌。

費誓[一]

公曰：“嗟，人無譁，聽命。[二]徂茲淮夷、徐戎并興。[三]善敹乃甲冑，敿乃干，無敢不弔。[四]備乃弓矢，鍛乃戈矛，礪乃鋒刃[二]，無敢不善。[五]

[一]費，魯東郊之地名。

[二]伯禽爲方伯，監七百里內之諸侯，帥之以征。歎而勑之，使無諠譁。欲其靜聽誓命。

[三]今往征此淮浦之夷、徐州之戎，並起爲寇。此戎夷，帝王所羈縻統敍，故錯居九州之內，秦始皇逐出之。

[四]言當善簡汝甲鎧、冑兜鍪，施汝楯紛，無敢不令至攻堅，

〔一〕 始封之國 “始”，阮本作“治”。

〔二〕 礪乃鋒刃 “刃”，底本作“刀”，據八行本、阮本改。

使可用。

〔五〕備汝弓矢，弓調矢利，鍛鍊戈矛，磨礪鋒刃，皆使無敢不功善。

“今惟淫舍牿牛馬，〔一〕杜乃擭，敜乃穽，無敢傷牿。牿之傷，汝則有常刑。〔二〕馬牛其風，臣妾逋逃，勿敢越逐，〔三〕祗復之，我商賚汝〔一〕。〔四〕乃越逐不復，汝則有常刑。〔五〕無敢寇攘，踰垣墻，〔六〕竊馬牛，誘臣妾，汝則有常刑。〔七〕

〔一〕今軍人惟大放舍牿牢之牛馬〔二〕，言軍所在必放牧也。

〔二〕擭，捕獸機檻〔三〕，當杜塞之。穽，穿地陷獸，當以土窒敜之。無敢令傷所放牿牢之牛馬〔四〕。牛馬之傷，汝則有殘人畜之常刑。

〔三〕馬牛其有風佚，臣妾逋亡，勿敢棄越壘伍而求逐之。役人賤者，男曰臣，女曰妾。

〔四〕衆人其有得佚馬牛、逃臣妾，皆敬還復之，我則商度汝功，賜與汝。

〔五〕越逐爲失伍，不還爲攘盜，汝則有此常刑。

〔六〕軍人無敢暴劫人，踰越人垣牆。物有自來者，無敢取之。

〔七〕軍人盜竊馬牛、誘偷奴婢，汝則有犯軍令之常刑。

〔一〕　我商賚汝　“汝”，阮本作“爾”。

〔二〕　今軍人惟大放舍牿牢之牛馬　“大”，底本作“太”，據八行本、阮本改。

〔三〕　捕獸機檻　“檻”，阮本作“檻”。

〔四〕　無敢令傷所放牿牢之牛馬　“放”，阮本作“以”。

"甲戌，我惟征徐戎。^[一]峙乃糗糧，無敢不逮，汝則有大刑。^[二]魯人三郊三遂，峙乃楨榦。甲戌，我惟築。^[三]無敢不供，汝則有無餘刑，非殺。^[四]魯人三郊三遂，峙乃芻茭，無敢不多，汝則有大刑。"^[五]

[一] 誓後甲戌之日，我惟征之。

[二] 皆當儲峙汝糗糒之糧，使足食。無敢不相逮及，汝則有乏軍興之死刑。

[三] 總諸國之兵，而但稱魯人峙具楨榦，道近也。題曰楨。旁曰榦。言三郊三遂，明東郊距守不峙。甲戌日當築攻敵壘、距堙之屬。

[四] 峙具楨榦，無敢不供。不供，汝則有無餘之刑。刑者非一也，然亦非殺汝。

[五] 郊遂多積芻茭，供軍牛馬。不多，汝則亦有乏軍興之大刑。

秦誓第三十二

秦穆公伐鄭。^[一]晉襄公帥師敗諸崤，^[二]還歸。作《秦誓》。^[三]

[一] 遣三帥帥師往伐之^{〔一〕}。

[二] 崤，晉要塞也。以其不假道，伐而敗之，囚其三帥^{〔二〕}。

[三] 晉舍三帥還歸。秦穆公悔過作誓。

秦誓^[一]

公曰："嗟，我士，聽無嘩。^[二]予誓告汝群言之首。^[三]古人有言曰：'民訖自若，是多盤。'^[四]責人斯無難，惟受責俾如流，是惟艱哉。^[五]我心之憂，日月逾邁，若弗云來。^[六]惟古之謀人，則曰未就，予忌。^[七]惟今之謀人，姑將以爲親。^[八]雖則云然，尚猷詢茲黃髮，則罔所愆。^[九]

[一] 貪鄭取敗，悔而自誓。

[二] 誓其群臣，通稱士也。

[三] 衆言之本要。

[四] 言民之行己盡用順道，是多樂。稱古人，言悔前不順忠臣。

[五] 人之有非，以義責之，此無難也。若己有非，惟受人責，
　　即改之如水流下，是惟難哉^{〔三〕}。

〔一〕 遣三帥帥師往伐之　前"帥"字，底本作"師"，據八行本、阮本改。

〔二〕 囚其三帥　"囚"，底本作"因"，據八行本、阮本改。

〔三〕 是惟難哉　"難"，阮本作"艱"。

〔六〕言我心之憂，欲改過自新，如日月並行過，如不復云來。
　　　雖欲改悔，恐死及之，無所益。

〔七〕惟爲我執古義之謀人，謂忠賢蹇叔等也。則曰未成我所欲，
　　　反忌之耳。

〔八〕惟指今事爲我所謀之人，我且將以爲親而用之。悔前違古
　　　從今，以取破敗。

〔九〕言前雖則有云然之過，今我庶幾以道謀此黃髮賢老，則行
　　　事無所過矣。

“番番良士，旅力既愆，我尚有之。〔一〕仡仡勇夫，射
御不違，我尚不欲。〔二〕惟截截善諞言，俾君子易辭，我皇
多有之，昧昧我思之。〔三〕如有一介臣，斷斷猗無他技〔一〕，
其心休休焉，其如有容。〔四〕人之有技，若己有之。人之彥
聖，其心好之，不啻如自其口出〔二〕。是能容之，〔五〕以保我
子孫黎民，亦職有利哉。〔六〕人之有技，冒疾以惡之。人之
彥聖而違之，俾不達。〔七〕是不能容，以不能保我子孫黎民，
亦曰殆哉。〔八〕邦之杌隉，曰由一人。〔九〕邦之榮懷，亦尚
一人之慶。”〔一○〕

〔一〕勇武番番之良士，雖衆力已過老，我今庶幾欲有此人而
　　　用之。

〔二〕仡仡壯勇之夫，雖射御不違，我庶幾不欲用。自悔之至。

〔三〕惟察察便巧，善爲辯佞之言〔三〕，使君子迴心易辭，我前多有

〔一〕斷斷猗無他技　“技”，阮本作“伎”。

〔二〕不啻如自其口出　“如”，阮本作“若”。

〔三〕善爲辯佞之言　“辯”，阮本作“辨”。

之，以我昧昧思之不明故也。

[四] 如有束脩一介臣，斷斷猗然專一之臣，雖無他技藝〔一〕，其心
休休焉樂善，其如是則能有所容。言將任之。

[五] 人之有技，若己有之。樂善之至也。人之美聖，其心好之，
不啻如自其口出。心好之至也。是人必能容之。

[六] 用此好技聖之人，安我子孫眾人，亦主有利哉。言能興國。

[七] 見人之有技藝，蔽冒疾害以惡之。人之美聖而違背壅塞之，
使不得上通。

[八] 冒疾之人，是不能容人。用之不能安我子孫眾人，亦曰危
殆哉。

[九] 杌隉，不安。言危也。一人所任用，國之傾危，曰由所任
不用賢。

[一〇] 國之光榮，爲民所歸，亦庶幾其所任用賢之善也。穆公
陳戒，背賢則危，用賢則榮，自誓改前過之意。

〔一〕 雖無他技藝　"技"，阮本作"伎"。

圖書在版編目（CIP）數據

尚書傳 /（西漢）孔安國傳；馮先思，周煦陽整理 . —
北京：商務印書館，2023
（十三經漢魏古注叢書）
ISBN 978－7－100－20656－3

Ⅰ.①尚… Ⅱ.①孔… ②馮… ③周… Ⅲ.①中國
歷史—商周時代 ②《尚書》—注釋 Ⅳ.① K221.04

中國版本圖書館 CIP 數據核字（2022）第 016590 號

封面題簽　陳建勝
特約審讀　李夢生

尚　書　傳

（舊題）〔西漢〕孔安國　傳
馮先思　周煦陽　整理

商 務 印 書 館 出 版
（北京王府井大街 36 號　郵政編碼 100710）
商 務 印 書 館 發 行
蘇州市越洋印刷有限公司印刷
ISBN　978－7－100－20656－3

2023 年 3 月第 1 版　　開本 890×1240　1/32
2023 年 3 月第 1 次印刷　　印張 11.125

定價：65.00 元